지금 변하지 않으면 내일은 없다

지금
변하지 않으면
내일은 없다

변질의 위기에서 변화의 기회를 잡으라

이찬수

규장

지금 변하지 않으면 내일은 없다

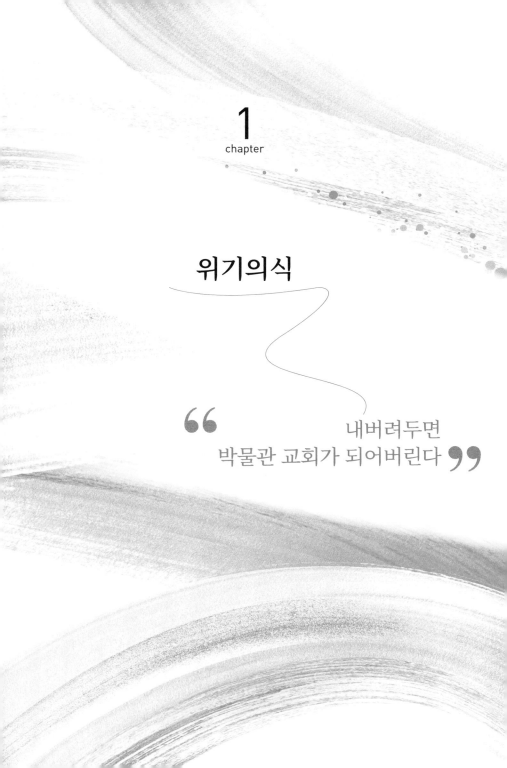

1
chapter

위기의식

" 내버려두면
박물관 교회가 되어버린다 "

고린도후서 5장 13,14절

¹³ 우리가 만일 미쳤어도 하나님을 위한 것이요 정신이 온전하여도 너희를 위한 것이니 ¹⁴ 그리스도의 사랑이 우리를 강권하시는도다 우리가 생각하건대 한 사람이 모든 사람을 대신하여 죽었은즉 모든 사람이 죽은 것이라

몇 년 전에 나온 영화 중에 〈극한직업〉이란 제목의 영화가 있다. 마약반 형사들이 범인을 잡기 위해 잠복 수사에 나서서 치킨집을 운영하는 내용의 코미디 영화다. 범인 검거 실적이 낮은 마약반 형사들이 국제 마약조직 밀수 정황을 입수했다. 형사들은 범인들을 감시하려고 그들의 아지트 건너편에 있는 치킨집을 인수해 위장 오픈을 했다. 한마디로 위장 창업을 한 것이다.

　마침 형사 중 한 명이 요리를 잘했다. 본가가 30년간 갈빗집을 운영하고 있단다. 그는 집에서 배운 갈비 양념을 치킨에 입혀서 '수원왕갈비통닭'이란 메뉴를 선보이게 됐는데, 그게 대박이 났다. 잠복 수사를 하기 위해 위장으로 창업을 했는데, 손님들이 몰려오자 처음에는 당황하고 난감해하다가 나중에는 치킨 장사에 푹 빠지게 됐다. 돈 버는 재미에 본업은 잊은 채 어느새 마약 수사는 뒷전이 되어버렸다.

　이 영화가 만든 대표적인 유행어가 있다.

　"닭을 잡을 것인가, 범인을 잡을 것인가?"

　한동안 이 대사가 계속 내 마음에서 맴돌았다. 형사가 범인 잡는 그 본질을 잃어버리고 닭 잡아서 파는 데 정신이 팔려 있는 상황인데, 이것이 말이 되는가? 하지만 이것은 누구에게나 있을 수 있는 변질이다. 목회자인 나도 예외가 될 수 없기에 이 대사가 내게는 이렇게 다가왔다.

"목회에 몰두할 것인가, 다른 비본질적인 것에 몰두할 것인가?"

나를 향한 경고로 들리는 독백이었다.

4단계 교회

최근에 내게 경고로 들려온 또 하나의 이야기가 있다. 미국의 대표적인 미래교회 학자인 레너드 스위트(Leonard Sweet) 박사는 네 종류의 교회가 있다며 알파벳 'M'을 사용해서 교회를 네 단계로 분류했다.

첫 번째 단계는 '사명 중심 교회'(Mission Church)다.

교회가 처음 설립될 때는 모두가 이 꿈을 향해 달려간다. 모두가 함께 건강한 교회, 사명 중심의 교회를 세우기 위해 몸부림친다. 비본질적인 것은 신경 쓰지 않고 예배와 선교, 이웃사랑을 실천하기 위해 가난한 이웃을 섬기려고 애쓴다. 이처럼 교회 설립 초기에는 하나님께서 우리에게 맡겨주신 건강한 교회, 본질적인 사명을 향해 힘차게 달려간다. 이 첫 번째 단계가 바로 '사명 중심 교회'의 모습이다.

이러한 정신 없이 어떻게 교회를 설립할 수 있겠는가? 그런데 불행한 것은, 죄성을 가진 우리 인간들은 그 '처음 정신'을 유지할 능력이 없다는 것이다. 그래서 비극이 발생한다.

사명 중심 교회가 세월이 흐르면서 두 번째 단계로 변질되기 쉬운데, 두 번째 단계는 '목회적 교회'(Ministry Church)다. 사명 중심 교회가 굉장히 역동적이고 유기적이며 '형식보다는 본질'을 중요하게 여기는 모습이라면, 두 번째 단계인 목회적 교회는 유기적인 모습은 사라지고 일 중심, 사역 중심이 되어 점차 행정조직이 중요해진다.

돌아보니 내가 담임하고 있는 분당우리교회도 이 단계를 피할 수 없었던 것 같다. 분당우리교회는 분명 사명 중심 교회로 출발했다. 그러다 점차 사람이 많이 모이면서 조직을 만들고 정비해야 하는 일들이 불가피했다.

목회적 교회에서 시간이 더 흐르면 세 번째 단계인 '현상유지적 교회'(Maintenance Church)가 된다. 세 번째 단계에 이르면 과거 이야기가 많아진다. '예전에 우리가 그랬지, 그때 우리가 이런 사역을 했었지'라며 옛날이야기가 많이 나온다. 그리고 이 단계가 되면 모험을 감수하며 역동적으로 달려나가는 모습이 점점 사라져가고, 현상을 유지하기에 급급한 교회가 되고 만다.

세 번째 단계를 방치하면 마지막 네 번째 단계의 교회로 넘어가는데, 그것이 '박물관 교회'(Museum Church)다. 글자 그대로 완전히 굳어져버린 관람용 교회가 되어버린다. 실제로 유럽에 가보면 꽤 많은 교회와 성당들이 관광지가 되어버린 것을 우리 눈으로 볼 수 있다.

우리는 그런 존재다

영화 〈극한직업〉의 형사들이 본분을 잊고 범인 잡는 것보다 닭 잡는 데 몰두하는 것이나, '사명 중심 교회'로 시작한 교회가 시간의 흐름에 따라 '박물관 교회'로 전락하는 것은, 어떤 특별한 경우에 일어나는 변질이 아니다. 특별히 타락하여 혹은 변질되려고 애를 써서 벌어지는 현상이 아니라 내버려두면 인간이나 교회는 저절로 그렇게 변질되어간다.

〈극한직업〉이라는 영화가 왜 그렇게 큰 인기를 끌었겠는가? 말도 안 되는 설정 같지만, 형사들이 마약 단속이란 본분을 잊고 치킨집을 차려서 장사하는 재미에 푹 빠져버린 것이 사람들에게 공감을 주었기 때문이다. 남 얘기 같지 않은 것이다. 교회도 마찬가지다. 우리는 내버려두면 변질되는 존재다.

올해 초에 집회 차 미국에 갔더니 만나는 성도들마다 분당우리교회의 '일만성도 파송운동'을 칭찬해주었다. 그런데 그런 칭찬을 들으며 오히려 내 마음에 두려움이 찾아왔다.

사실 2022년에 스물아홉 교회로 교회를 분립하여 성도를 파송하는 '일만성도 파송운동' 이후로 분당우리교회는 큰 혼란과 몸살을 앓았다. 그동안 교회를 기둥처럼 지켜오던 평신도 리더의 70~80퍼센트가 분립교회나 집 근처 작은 교회로 옮겨갔다. 순종하여 교회를 떠나간 것이다.

우리 교회 조직의 척추라고 할 수 있는 소그룹 리더 순장들의 70~80퍼센트가 분립교회로 옮겨갔고, 주일학교를 섬기던 교사들도

80퍼센트가량 분립교회로 옮겨가서 주일학교는 분반공부를 할 수 없을 지경이 되었다. 청년 리더들도 대략 80퍼센트가량이 분립교회로 옮겨간 상황이다 보니 대학·청년부에서도 비명소리가 들렸다. '교회가 마치 6·25 전쟁 이후에 폭격 맞은 서울 같다'라거나 '교회가 골다공증에 걸린 것 같다'는 탄식이 나올 만큼 큰 어려움을 겪었다. 그렇게 성도들을 파송한 후에 분당우리교회는 모든 부분에서 삐걱거렸다. 그러다 보니 남아 있는 성도들도 큰 혼란을 겪었다.

상황이 이러니 '일만성도 파송운동' 이후에 나에게 큰 숙제가 주어졌다. 혼란을 겪고 있는 교회 구성원들을 추슬러 다시 교회를 세워나가야 하는 것이었다. 하지만 20~30퍼센트밖에 안 남은 평신도 리더들은 이미 과부하가 걸려 뭘 더 요구하기가 어려운 상황이었다. 우리 교회는 기존에 다른 교회에서 신앙생활을 했던 성도의 등록은 받지 않는다. 그러다 보니 교회를 다녀본 적이 없는 초신자들이 많다. 자연히 이들을 섬겨야 할 손길이 많이 필요한데, 그동안 이들을 섬겨오던 많은 평신도 리더들이 사라진 상태이다 보니 남아 있는 봉사자들과 평신도 리더들은 지쳐만 갔다.

우리 교회는 1인 1사역이 원칙이었다. 하지만 더 이상 그 원칙을 유지할 수가 없었다. 남아 있던 소수의 평신도 리더들이 1인 2사역, 3사역을 해가며 몸살을 앓고 있는데도 채워지지 않는 현실을 보며 위기감을 느꼈다.

아무리 애를 써도 상황을 반전시키기가 어려웠다. 역부족이었다. 그러다 보니 담임목사인 나의 내면에 두려움이 몰려왔다. 앞에서 네 단계로 분류한 교회의 유형을 적용해 보니 지금 분당우리교회는 두 번째 단계와 세 번째 단계 사이에 있었다. 이제 여기서 잘못하면 '현상유지적인 교회'로 전락하고, 더 방치하면 '박물관 교회'가 될 위험이 있다는 두려움이 엄습했다.

경고의 말씀

이런 상태에 빠져 있던 어느 날 새벽에 말씀 한 구절을 발견했다. 딱 나와 분당우리교회에 주시는 하나님의 경고로 들리는 말씀이었다.

> 그렇다고 여러분에게 또다시 우리 자신을 내세우려는 것은 아닙니다. 다만 우리를 자랑할 수 있는 근거를 여러분에게 주어 속에는 아무것도 자랑할 것이 없으면서도 겉만 가지고 자랑하는 자들의 말을 반박할 수 있게 해주려는 것뿐입니다. 고후 5:12, 공동번역

"속에는 아무것도 자랑할 것이 없으면서도 겉만 가지고 자랑하는 자들"이라는 표현이 유난히 큰 글씨로 내게 다가왔다. 이 말씀은 나에게 주시는 하나님의 경고의 말씀이었다. '일만성도 파송운동'에 대한 칭찬이 많았던 당시였기에, 더 이상 과거에 매여 살지 말라고, 과거의 일에 대한 칭찬의 소리에 귀를 닫아야 한다고. 이제 과거는 다 잊고 분당우리교회를 다시 세우는 일에 모든 에너지를 쏟아야 한다고.

그 새벽에 주신 하나님의 말씀을 두려움으로 받았다. 우리 교회가 '속에는 아무것도 자랑할 것이 없으면서' 겉만 가지고 자랑하는 교회가 될 위험이 있음을 자각하고 회개했다.

그날 새벽에 주신 말씀을 계기로 나는 성도들에게 선포하기 시작했다. "분당우리교회를 이대로 내버려두면 현상유지적인 교회로 전락했다가 결국에는 생명력을 다 잃고 박제된 박물관 교회로 굳어져버릴 것이다. 정말 정신 차리고 교회를 창립할 때 가졌던 '사명 중심 교회의 정신'을 다시 회복해야 한다"라고 호소했다.

그 이후로 매 주일 설교 시간에 '박물관 교회로 전락하는 것을 막는 여덟 가지 대안'에 대해 선포했다. 이 책에서 그 여덟 가지 대안에 대해 하나씩 살펴보려고 한다.

이 장에서는 여덟 가지 대안에 대해서 본격적으로 살펴보기 전에 총론 격으로, 세월이 흘러도 박물관 교회로 전락하는 것을 막을 수 있는 두 가지 선제적 대안을 살펴보려고 한다.

사실 이 두 가지 대안은 교회 공동체에만 적용되는 것이 아니라 우리 개인의 신앙생활에도 똑같이 적용되는 것이라 생각한다. 이 두 가지 대안을 가지고 자신의 신앙을 점검하는 잣대로 삼으면 좋겠다.

첫 번째 대안, 사랑에 사로잡히기

첫 번째 대안은 그리스도의 사랑에 사로잡히는 것이다.

> 그리스도의 사랑이 우리를 강권하시는도다 우리가 생각하건대 한 사
> 람이 모든 사람을 대신하여 죽었은즉 모든 사람이 죽은 것이라
>
> 고후 5:14

"그리스도의 사랑이 우리를 강권하시는도다"에서 '강권하다'는 헬라어로 '쉬네코'라는 단어이며, '무언가에 사로잡히다'라는 뜻으로 쓰였다. 어떻게 변질을 막을 수 있다는 것인가? 그리스도의 사랑에 사로잡힐 때, 그리스도의 사랑에 견인될 때, 우리가 변질 없이 끝까지 달려갈 수 있다는 것이다.

이 단어가 성경의 다른 곳에서 사용된 것을 찾아볼 수 있다.

> 예수께서 일어나 회당에서 나가사 시몬의 집에 들어가시니 시몬의
> 장모가 중한 열병을 앓고 있는지라 눅 4:38

여기서 '앓고 있는지라'에 쓰인 단어가 '쉬네코'이다. 그러니까 지금 베드로의 장모가 열병에 사로잡혀 있는데, 열병에 사로잡혀 있는 상태가 '쉬네코'라는 것이다.

우리가 코로나19를 왜 두려워했는가? 코로나19에 감염되면 그 바이러스에 사로잡혀서 일주일은 꼬박 꼼짝 못 하기 때문이다.

똑같은 단어가 사도행전 18장 5절에도 나온다.

> 실라와 디모데가 마게도냐로부터 내려오매 바울이 하나님의 말씀에

여기서 "하나님의 말씀에 붙잡혀"라고 할 때 '붙잡혀'가 '쉬네코'이다.

당시 유대인들이 가장 듣기 싫어하던 말이 예수님이 구세주이심을 의미하는 '예수 그리스도'라는 말이었다. 그래서 '예수 그리스도'란 말을 내뱉으면 신상에 위협이 가해지기도 했다. 그런데 바울은 지금 "예수는 그리스도"라고 담대하게 증언하고 있다. 이런 담대함이 어떻게 가능했는가? 바울이 하나님의 말씀에 붙잡혀 있었기 때문이다. 말씀에 붙잡히니까 온갖 협박과 위협에도 불구하고 그런 것에 끌려가지 않는 담대함이 생기더라는 것이다.

예수를 몇 년 믿었는지, 교회에서 무슨 직분을 받았는지를 자랑할 것이 아니라 우리가 지금 그리스도의 사랑에 붙잡혀 있는지, 그리스도의 말씀에 붙잡혀 있는지를 점검해야 한다. 그것이 우리의 자랑이 되어야 한다. 우리는 지금 그리스도의 사랑과 그분의 말씀에 붙잡혀 있는가? 아니라면 무엇에 붙잡혀 있는가?

우리가 사로잡혀야 할 사랑은 십자가 사랑

본문을 묵상하는 가운데, 사도 바울이 우리가 붙잡혀야 할 그리스도의 사랑을 강조하면서 그중에서 특히 어떤 것을 더 강조하고 있는지를 보게 되었다. 14절을 다시 보자.

"그리스도의 사랑이 우리를 강권하시는도다 우리가 생각하건대 한 사람이 모든 사람을 대신하여 죽었은즉….."

사도 바울이 강조하는 그리스도의 사랑은 다른 것이 아닌 '십자가 사랑'이었다. 이것이 중요하다. 우리가 붙잡혀야 하고 견인당해야 하는 그리스도의 사랑은 '십자가 사랑'이다. 삶의 현장에서 패배하고, 꺾이고, 의욕을 상실하고, 걸핏하면 초라하게 살아갈 위험에 노출되어 있는 우리이기에 이런 비참한 악순환의 고리에서 벗어나기 위해서는 그리스도의 사랑에 견인되어야 한다. 그리스도의 사랑 중에서도 십자가 사랑에 사로잡혀야 한다.

이 말씀을 묵상하다가 "최후 승리를 얻기까지 주의 십자가 사랑하리. 빛난 면류관 받기까지 험한 십자가 붙들겠네"라는 찬송이 떠올랐다. 자주 실패하고 패배하여 낙심하기 쉬운 우리이기에, 잘나가다가도 시간만 지나면 영화에 나오는 형사들처럼 옆길로 샐 수밖에 없는 우리 인생이기에 우리는 주님의 십자가 사랑을 의지해야 한다. 우리의 힘이 아니라 주님의 사랑에 견인되는 그 힘으로 나아갈 때, 사랑 중에서도 십자가 사랑과 능력으로 나아갈 때 우리도 승리할 수 있다.

그 사랑이 우리를 강권하시도록 해야 한다. 최근에 분당우리교회 본당 벽에 "그리스도의 사랑이 우리를 강권하시는도다"라는 말씀을 크게 붙여두었다. 예배당에 올 때마다 이 말씀으로 성도들이 자신의 삶을 점검하길 바랐기 때문이다. 이 책을 읽는 독자들도 이 말씀으로 자신을 점검해보라. 과연 오늘 하루도 강권하시는 그리스도의 사랑의 힘으로 승리했는지, 아니면 또 내 힘으로 어떻게 해보려다가 초라하게 넘어졌는지 날마다 점검하기를 바란다.

초심을 지킬 수 없는 우리는 내버려두면 옆길로 새고, 방치하면 박물관 교회로 전락할 위험에 노출되어 있다. 그런 위기를 막아낼 수 있는, 그리스도의 사랑에 완전히 붙잡힌 우리가 되기를 바란다. 그래서 다시 한번 꿈을 향해 가슴 벅차게 달려가는 사명 중심의 교회, 사명 중심의 성도가 되기를 바란다.

그리스도의 사랑이 견인하는 교회, 무엇보다도 그리스도의 십자가 사랑이 견인하는 예배, 그리스도의 사랑이 강권적으로 역사하는 교회와 성도가 되어야 한다. 위기와 무기력에 빠져 있다고 하는 한국 교회와 모든 성도들이 그 사랑에 견인되어 다시 한번 가슴 벅찬 꿈을 회복하게 되기를 정말 간절히 기도하며 바란다.

두 번째 대안, 본질에 집중하기

세월이 흘러도 변하지 않을 수 있는 두 번째 대안은, 본질에 집중하는 것이다.

사도 바울은 고린도후서 5장 13절에서 이렇게 말한다.

우리가 만일 미쳤어도 하나님을 위한 것이요 정신이 온전하여도 너희를 위한 것이니 고후 5:13

"미쳤어도 하나님을 위한 것, 정신이 온전하여도 너희를 위한 것"이란 말은 집중력을 말하는 것 아닌가? 본질에 집중하라는 것이다. 치킨을 팔아야 하나, 마약 단속 수사를 해야 하나 고민하면서 어정쩡한 세월을 보내다가는 아무것도 할 수 없다.

나는 공개적으로 골프를 치지 않겠다고 말한 적이 있다. 골프 치는 것을 나쁘다고 생각해서가 아니다. 내가 골프를 치지 않겠다고 결심한 이유는 딱 하나이다. 골프가 목회보다 더 재미있을까 봐서다.

지금까지는 목회보다 더 재미있는 게 없었다. 그런데 느지막이 골프를 시작했는데, 골프가 목회보다 더 재미있으면 골치 아픈 일 아닌가? 그래서 아예 시작을 안 하려는 것이다. 몰두하겠다는 결단이다. 집중하겠다는 것이다. 나는 목사이니 목회에 집중하기 원하는 마음에서 했던 고백이다.

직장생활을 하는 사람은 직장생활에 몰입해야 한다. 신앙생활도 마찬가지이다. 교회를 섬기는 일도 한번 맡았다 하면 집중하여 몰입해야 한다. 이 집중이 우리 삶에 얼마나 큰 행복감을 가져다주는지 모른다.

미치지 않으면 미칠 수 없다

'미치지 않으면 미칠 수 없다, 미치지 않으면 도달할 수 없다'는 뜻을 가진 '불광불급'(不狂不及)이라는 단어를 나는 좋아한다. 그리고 이 단어가 말하는 '집중력'이 가져다주는 행복을 경험해본 적이 있다.

예전에 청소년 사역을 할 때 청소년 사역에 모든 것을 다 걸어봤다. 완전히 미쳐 있었다. 사실, 부작용은 좀 있었다. 내가 섬기던 중고등부 학생들에게 미쳐 있다 보니 집안일에 소홀할 수밖에 없었고, 그러다 보니 갓난아기였던 딸과 아들을 잘 돌보지 못했다.

세 아이를 기르면서 기저귀 한 번 갈아주지 못했고 목욕 한 번 시켜주지 못했다. 이런 이야기를 엄마에게 전해 들은 아이들이 지금도 가끔 농담처럼 말하곤 한다.

"아빠가 그때는 우리에게 신경도 안 쓰셨잖아요."

그러나 나는 청소년 사역에 몰두했던 그 시절을 후회하지 않는다. 그때 너무나 소중한 것을 깨달았기 때문이다. 미쳐야(狂) 미칠(及) 수 있다는 사실을 뼛속 깊이 새길 수 있었다.

그 과정에서 일어난 재미있는 에피소드도 많았다. 청소년 사역을 할 땐, 그냥 아이들을 더 많이 알고 싶었다. 그래서 낮에는 아이들 좇아다니느라 시간을 다 보내고 저녁 늦게 집에 들어오면 서재에 틀어박혀 아이들과 채팅하느라 바빴다. 그때는 전화선으로 연결하는 '천리안'이나 '하이텔' 같은 PC통신이라는 것이 있었는데, 저녁에 집에만 오면 컴퓨터 앞에 앉아 채팅을 하고 있으니 우리 집은 늘 통화 중이었다.

또 가끔 중학생 아이와 대화를 나눌 때면 내가 중학생인 것처럼, 고등학생 아이와 대화를 나눌 때면 내가 고등학생인 것처럼 소개하고 대화를 나누기도 했다. 이제 와 생각해보면 정직하지 않은 방법이기에 내가 잘한 걸까 싶기도 하지만, 그때는 아이들과 더 친해지고 싶다는 생각 말고는 아무 생각도 없었다.

그런 나에게 아내가 상처를 받기도 했다. 큰아이가 아직 돌도 안 되었을 때였는데, 결혼한 남편이 목사라고 가정을 돌보지 않으니 얼마나 서운했겠는가? 퇴근하고 집에만 오면 서재에 들어가서 안 나오니까 '설교 준비를 하느라 바쁜가보다' 하고 과일을 깎아서 가지고 들어왔다. 그런데 열심히 설교 준비를 하고 있는 줄 알았던 남편이 컴퓨터 채팅창 열어놓고 아이들과 수다를 떨고 있으니 얼마나 기가 막힐 노릇인가?

이런 일이 계속되니 아내가 아이를 들쳐 업고 가출(?)하여 친정으로 가버렸다. 아내가 기대하기는 남편이 놀라 서둘러 자기를 데리러 올 줄 알았는데 아무리 기다려도 내게서 연락이 없더란다. 답답해서 전화해보면 통화 중이고. 그렇게 기다리다 기다리다 지쳐서 아내가 집으로 돌아왔다. 기가 막힌 것은 내가 얼마나 청소년들과 대화하는 데 몰두했는지, 아내가 가출했다는 사실조차 모르고 있더라는 것이다.

사실, 철없는 중고등학생 아이들과 채팅하는 게 뭐 그렇게 행복했겠는가? 하지만 하나님이 내게 맡겨주신 사명에 모든 것을 걸고 몰두할 때, 그것이 행복을 가져다주는 것이다.

나의 스승이신 고(故) 옥한흠 목사님은 '광인론'(狂人論)에 인생을 걸었던 분이셨다. 기왕에 목사의 길로 들어섰는데, 여기에 한번 모든 것을 걸어보자고 항상 말씀하셨다. 나는 요즘 새삼 옥 목사님이 그립다. 목회에 몰입하지 못한다고 교역자들을 꾸짖으시던 목사님이 너무나 그립다.

지금 많은 이들이 한국 교회가 위기에 직면해 있다고 탄식한다. 많은 교회가, 또 많은 크리스천이 영적 침체에 빠져 있다는 염려의 목소리가 많이 들린다. 하나님께서 주신 사명과 비전은 까맣게 잊은 채 닭 잡아 파는 재미에 빠져 현실에 안주해있다고 아쉬워하기도 한다. 이런 위기를 맞았기에 우리는 이 사랑을 붙들고 불광불급을 회복해야 한다.

"우리가 만일 미쳤어도 하나님을 위한 것이요 정신이 온전하여도 너희를 위한 것이니."

어머니의 유언 같은 가르침

언젠가 미국에 계시는 어머니가 많이 위독해지신 적이 있다. 어머니가 입원해 계시는 요양병원으로부터 어쩌면 마지막을 준비해야 할지 모르겠다는 염려 섞인 연락을 받기도 했다. 어머니 연세가 99세나 되셨으니 오죽하겠는가?

그 소식을 듣고 '이러다 어머니의 임종도 못 뵙는 것은 아닐까' 하는 조급함이 있었다. 아이들도 계속 할머니 못 뵌 지 오래되었으니 할머니 뵈러 가야 한다고 하는데, 비행기 티켓 가격이 떨어질 때까지 기다려보자고 계속 미루고 있던 차였다. 계속 미루다간 아이들이 할머니를 못 뵙고 돌아가실지 모르겠다는 두려움으로 아이들을 데리고 미국으로 건너갔다.

그렇게 미국에 가서 아내와 아이들과 함께 매일 어머니를 찾아뵈었다. 연세도 많으시고 코로나19가 진행되는 내내 병상 생활을 하셔서 어머니의 정신이 오락가락하신 상태셨다. 어느 날은 나를 보고 갑자기 "너 판사니?" 하고 물으시기도 하고, 또 어느 날은 "너 여기 왜 자꾸 오는데? 심방은 안 하고?"라고 하시며 막 야단을 치셨다. 어머니가 계시는 시카고에서 목회하고 있는 줄로 착각하신 것이다.

이렇게 일주일 정도 요양병원에 계신 어머니를 찾아뵈었는데, 어머니가 계시는 시카고를 떠나기 전날 오후에 내 생애에 잊을 수 없는 감동을 경험하게 되었다. 감사하게도 그날따라 어머니의 상태가 근래 들어 최고로 좋으셨다. 그래서 즐거운 대화를 나눌 수 있었는데, 대화 중에 어머니께서 이상한 말씀을 하시는 것이다.

"너, 대장 노릇 하지 마라."

뜬금없이 이게 무슨 말씀인가 의아해하고 있는데 어머니는 연이어 두 번째 말씀을 주셨다. 이 두 번째 말씀을 듣고는 '대장 노릇 하지 마라'라는 첫 번째 말씀의 의미를 깨달을 수 있었다. 어머니의 두 번째 말씀은 이러했다.

"성도들을 불쌍히 여겨야 한다. 성도들이 얼마나 불쌍한지 아니?"

코로나19 이후로 어머니는 바깥출입을 하실 수 없었다. 요양병원 침대에만 누워 계셨다. 그런데 성도들이 얼마나 불쌍한지 아느냐고 하시면서 성도들이 어떤 일로 힘든지 예를 들어 설명하시기 시작했다. 먹고사는 게 얼마나 힘든지부터 시작해서 성도들의 여러 삶의 정황을 말씀하시고는 성도들을 불쌍히 여기라고 하셨다.

그러고는 마지막으로 하신 세 번째 말씀이 나를 너무나 뭉클하게 했다.

우리 윗대 어른들이 다 그러셨듯이 나의 어머니도 아들에 대한 특별한 애정을 갖고 계신다. 우리 세 아이 중에 막내가 아들인데, 이 아이가 어머니에게는 장손이다. 그러다 보니 "우리 장손, 우리 장손" 하면서 막내를 귀하게 보신다. 이번 방문 때도 첫째 딸과 둘째 딸은 처음엔 못 알아보셨다. "누구더라" 하시며 다른 아이의 이름을 부르기도 하셨는데, 막내는 금세 알아보셨다. "규진이 왔구나? 우리집 장손" 하시면서. 이런 상황이다 보니 두 딸이 상처를 받으면 어떡하나 걱정되는 마음도 있었는데, 감사하게도 아이들이 많이 성숙해져서 이렇게 반응을 했다.

"와! 우리 할머니 대단하시다. 저렇게 아들 선호 사상이 있으신데 그동안 한 번도 내색을 안 하셨네! 인격이 훌륭하시다!"

할머니의 편애를 이렇게 긍정적으로 해석해냈다. 그렇게 막내를 예뻐하시는 어머니가 내게 하신 세 번째 말씀이 이랬다.

"너는 규진이 사랑하듯이 성도들을 사랑해야 한다."

어머니에게 가장 사랑하는 대상은 손자 규진이기에 이 말씀 속에 담겨 있는 어머니의 권면이 비장하게 들렸다.

지금도 그때 그 순간을 떠올리면 마음이 뭉클해진다. 언제 돌아가실지 모르는 99세 어머니이시기에 그날 어머니께서 내게 주신 세 마디 말씀은 나에게 유언의 말씀처럼 무게감 있게 각인되었다. 나는 이 세 마디의 말씀을 마음에 새겼다.

교회의 회복은 여기에서부터 시작된다고 믿는다. 강권적으로 역사하시는 그리스도의 사랑에 사로잡히는 것, 그리고 그 사랑에 사로잡혀 서로를 섬기고 사랑하는 것, 여기서부터 교회의 회복이 시작될 것이다.

그러니 주님의 사랑에 몰입하자. 십자가 사랑에 사로잡히자. 그리고 그 몰입하는 십자가 사랑으로 본질을 회복하자. 그 사랑에 붙들려 본질을 회복하고 변화하기 시작할 때 위기에 처한 이 땅의 교회가 새로워질 것이다. 다시 한번 사명으로 역동하는 교회가 될 것이다.

2
chapter

대안 1

말씀 묵상에 전념하는 교회

" 말씀에 붙들리면
위기가 와도 흔들리지 않는다 "

마태복음 7장 24-27절

²⁴ 그러므로 누구든지 나의 이 말을 듣고 행하는 자는 그 집을 반석 위에 지은 지혜로운 사람 같으리니 ²⁵ 비가 내리고 창수가 나고 바람이 불어 그 집에 부딪치되 무너지지 아니하나니 이는 주추를 반석 위에 놓은 까닭이요 ²⁶ 나의 이 말을 듣고 행하지 아니하는 자는 그 집을 모래 위에 지은 어리석은 사람 같으리니 ²⁷ 비가 내리고 창수가 나고 바람이 불어 그 집에 부딪치매 무너져 그 무너짐이 심하니라

《립잇업》(Rip it up)이라는 책이 있다. '립잇업'(Rip it up)이라는 영어 표현은 '뜯어내다, 찢어버린다'라는 뜻인데, 무언가를 완전히 새롭게 바꾸도록 요구할 때 쓰는 표현이다. 그렇다면 이 책에서는 무엇을 '립잇업', 즉 완전히 뜯어내고 새롭게 고치고 바꾸도록 요구하고 있는 가? 이 책은 아주 집요하게 한 가지를 계속 강조한다.

우리는 오래전부터 이런 말을 들어왔다.

"생각을 바꿔야 한다. 매일 긍정적인 생각을 하면 인생이 행복해진 다. 백만장자가 되고 싶다면 부자처럼 생각해야 한다."

그런데 이 책에서 주장하는 것은 이런 식의 '긍정적인 생각'을 하는 것도 중요하지만, 이런 긍정적인 생각만으로는 삶을 바꿀 수 없다는 것이다.

변하고 싶다면 행동을 바꿔라

그럼 무엇이 인생을 바꾸는가? 생각도 바꿔야 하지만 그 변화된 생각을 바탕으로 행동을 바꿔야 한다는 것이다. 이것이 '립잇업'이다.

이 책은 처음부터 끝까지 이 하나만 강조하고 있다. 이 이론을 주장했던 철학자 윌리엄 제임스는 이런 말을 했다.

"어떤 성격을 원한다면 이미 그런 성격을 가지고 있는 사람처럼 행동해라."

예를 들면 이런 것이다. '내가 좀 내향적인데, 난 외향적인 성격이 좋아'라는 생각을 갖고 있으면, 외향적인 사람처럼 행동하라는 것이다. 소그룹 모임에 가보면 나는 소심하고 낯가림이 심한데 어떤 사람은 거침없이 다가와 껴안아주고 손잡아주고 큰소리로 환영해주지 않는가?

만약에 그 모습이 보기 좋다면 본인도 그렇게 행동해버리라는 것이다. 이런 행동이 어색할 수 있지만, 행동을 그렇게 옮기면 생각과 성격이 그걸 따라간다는 게 이 책이 주장하는 핵심 포인트다.

"행복하기 때문에 웃는 게 아니라 웃기 때문에 행복하다"라는 말도 있지 않은가? 우리의 본능은 행복할 때 웃는다. 그래서 웃으라고 권하면, "웃을 일이 있어야 웃지요"라며 자조하기도 한다. 그런데 그게 아니라는 것이다. 웃을 일이 없을수록 더 웃어야 한다. 우울하다고 풀 다 죽어서 하루 종일 침대에 누워 있으면 우울함이 더 강화된다. 마음이 우울할수록 활기차게 일어나서 옷 갈아입고 공원 한 바퀴 돌고, 빠른 걸음으로 한 시간 정도 걷다 보면 우울했던 기분이 싹 가신다.

이것은 내가 오래전부터 경험하고 있는 것이다. 나도 기분이 가라앉거나 하면 공원을 빠르게 걸으면서 "아, 난 행복하다. 주여! 제가 지금 행복한 거지요?"라고 혼자서 막 소리를 지른다. 그러다 보면 기분이 금세 좋아진다. 그래서 나는 "행복하기 때문에 웃는 게 아니라 웃기 때문에 행복하다"라는 말이 맞다고 생각한다.

일단 행동하면 그 행동이 사람을 변화시킨다는 이 주장이 나는 너무 공감되고 동의가 된다. 변화하고 싶은가? 행동을 바꾸면 된다! 나는 대학교 다닐 때 좀 부산했던 사람이다. 친구를 좋아해서 집에 붙어 있질 못했다. 친구 집에 가서 자거나 친구를 우리 집으로 불러서 함께 교제하는 것을 좋아했다.

그랬는데 분당우리교회를 개척한 이후로 이런 행동을 바꾸었다. 담임목사가 이렇게 부산해서는 목회가 제대로 될 수 없기 때문이다. 행동을 바꾸니 생각도 차분해졌다. 요즘엔 하루 종일 책상에 앉아 있어도 답답하지 않다. 행동을 바꾸니까 그렇게 되었다. 물론 내 안에 외향적인 성격은 여전히 남아 있다. 하지만 차분한 내향적인 부분이 굉장히 강화되었다. 그런 사람이 되고 싶다면 그런 사람이 된 것처럼 행동하라는 그 책의 권면이 유효하다는 사실이 이미 내 삶을 통해서 증명된 것이다.

이런 면에서 나는 스포츠 브랜드 나이키의 카피 문구가 너무 좋다. "저스트 두 잇"(Just Do It), 일단 한번 해보라는 뜻이다. 나는 자주 "저스트 두 잇"을 외친다. 나를 꾸짖으며 스스로에게 촉구한다.

"이찬수! 뭐가 두려운가? 뭐가 걱정인가? 저스트 두 잇! 일단 해보자. 일단 시도해보자."

주님 말씀을 듣고 행하는 자

본문인 마태복음 7장 24-27절에서 예수님이 우리에게 말씀하시는 핵심 포인트 역시 바로 이것이다. 본문은 산상수훈의 결론 부분이다. 주님이 마태복음 5장부터 7장에 이르기까지 엄청 긴 분량을 할애하여 예수 믿는 자들이 알아야 할 여러 가지 것들을 다 피력하시고 내린 결론의 말씀이 본문이다.

> 그러므로 누구든지 나의 이 말을 듣고 행하는 자는 그 집을 반석 위에 지은 지혜로운 사람 같으리니 … 나의 이 말을 듣고 행하지 아니하는 자는 그 집을 모래 위에 지은 어리석은 사람 같으리니 마 7:24,26

인생이 모래 위에 지은 집처럼 위태위태하고 불안한 것은 뭐가 모자라서가 아니다. 말씀을 듣고 행하지 않아서 그렇다는 것이다. 앞에서 언급했던 '저스트 두 잇'이나 '뭔가 바꾸고 싶다면 일단 그렇게 행동해라'와 일맥상통하는 말씀이다.

왜 우리가 말씀을 듣는가? 왜 성경을 읽는가? 머리에 이론을 쌓기 위해서가 아니라 변화되려고 읽는 것이다. 지식을 위해서, 지적인 호기심을 위해서 성경을 읽는 게 아니다. 하나님께서 우리에게 성경 말씀을 주신 이유는 그 말씀을 통해 먼저 우리의 생각이 바뀌고, 그 변화된 생각으로 인해 행동의 변화가 일어나길 원하시기 때문이다.

마태복음 5장부터 나오는 산상수훈을 읽다 보면 "원수를 사랑하라"는 대목이 나온다. 그럼 그 즉시 잠깐 성경 읽는 것을 멈추고, 관계가 서먹서먹해진 사람에게 전화해버리는 것이다. "내가 성경 읽다가 네 생각이 났는데, 지난번에는 미안했다. 우리 잘 지내자"라고 말하라. 할 말이 없을까 봐 걱정할 필요 없다. 일단 전화해서 얘기하면 된다. 그 말을 전하고는 "그럼 끊자. 나 성경 읽어야 해" 하고 또 읽는 것이다. 들은 대로 일단 행하는 것이다. 이것이 예수님의 말씀이다.

본문에서 대비되는 '나의 이 말을 듣고 행하는 자'와 '이 말을 듣고 행하지 아니하는 자'의 차이를 깊이 돌아봐야 한다. 당신은 어느 쪽에 가까운가?

변질을 막기 위해 행동을 바꾸라

앞 장에서 나는 레너드 스위트 교수가 말한 네 단계의 교회를 소개하며 교회적으로 큰 위기감을 느끼고 있다고 했다. 분당우리교회는 개척할 당시에 분명 '사명 중심 교회'였다. 교회 건물이 없어서 주중에 모일 데가 없어도 불편해하지 않고 각 가정을 돌면서 모임을 가졌다. 그러다 보니 지금도 우리 교회는 소그룹 모임이 강하다. 이처럼 개척 초기에는 교회가 역동적이었다. 그야말로 사명 중심으로 똘똘 뭉쳐 행복하게 교회를 시작했다.

그런데 레너드 스위트 교수의 분석처럼 시간이 흐르니 어느새 그다음 단계인 '목회적 교회'로 변해갔다. 사명을 감당하기 위해 유기적으로 일하고 사역하던 것들이 조금씩 느슨해지기 시작했다. 또 교회를 운영하려다 보니 조직이 중요해지고 시스템을 만들기 시작했다. 이제 시간이 더 지나면 '현상유지적인 교회'로 흘러갈 수밖에 없다는 것을 직감하고 두려워졌다. 이걸 더 방치하면 급기야는 '박물관 교회'처럼 굳어져버리게 될 것이 두렵다.

박물관에는 다 옛날 것들이 전시되어 있지 않은가? 천 년 전, 이천 년 전 유물들을 보러 가는 곳이 박물관이다. '옛날엔 이랬구나' 과거 이야기만 하는 곳이다. 참담한 유럽 교회의 현실이 보여주고 있는 그런 모습이다.

우리 교회와 한국의 교회가 이 흐름을 따라서 박물관 교회가 되어 버릴까 봐 두려움을 느끼면서 '어떻게 하면 이 흐름을 멈출 수 있을까? 어떻게 하면 현상유지적 교회와 박물관 교회로 전락하는 일을 막을 수 있을까' 고심하고 또 고심하며 하나님 앞에 물었다. 그러다가 몇 가지 대안을 생각해보았다. 이제 이 책에서 하나씩 그 대안에 대해 살펴보려고 한다.

우리는 초심을 유지할 힘이 없다. 누구라도, 언제라도 "범인을 잡을 것인가, 닭을 잡을 것인가?"의 자리에 빠지기 쉽다. 그래서 하나님의 말씀에서 발견하는 대안이 중요하다. 이번 장에서는 '변화를 위해서는 행동을 바꾸는 것이 중요하다'는 차원에서 두 가지 대안을 살펴보려고 한다.

행함이 따르는 믿음으로 전환하라

첫째, 우리는 말만 하는 믿음이 아닌 '행함이 따르는 믿음'으로 전환해야 한다. 그래야 변질을 막을 수 있다. 24절을 보자.

그러므로 누구든지 나의 이 말을 듣고 행하는 자는 그 집을 반석 위에 지은 지혜로운 사람 같으리니 마 7:24

이 말씀이 어떤 맥락에서 선포된 것인지 보려면 그 앞의 15절부터 봐야 한다.

거짓 선지자들을 삼가라 양의 옷을 입고 너희에게 나아오나 속에는 노략질하는 이리라 마 7:15

거짓 선지자들의 특징은 가장을 잘한다는 것이다. 그래서 양의 옷을 입고 양으로 가장하여 나타난다. 그리고 자기가 대단한 선지자인 것처럼 말하고 다니는데, 주님은 진짜와 가짜를 구분하는 잣대가 있다고 말씀하신다.

그들의 열매로 그들을 알지니 가시나무에서 포도를, 또는 엉겅퀴에서 무화과를 따겠느냐 마 7:16

주님이 말씀하시는 잣대가 무엇인가 보니 '열매'다. 그 '열매'로 알 수 있다는 것이다. 어떤 성경 번역은 열매를 '행동'으로 번역하여 '행동으로 그들을 알 수 있다'라고 표현하기도 했다.

목회자도 마찬가지이다. 경건한 목사와 변질된 목사를 구분하는 잣대는 '말솜씨'에 있지 않고 그가 맺는 열매에 있다. 다시 말해 열매, 즉 행동을 보면 안다는 것이다. 이것이 주님의 구분 잣대이다. 그 사람이 뭘 추구하는지를 보면 그 사람을 안다.

20절에서도 또 언급하신다.

> 이러므로 그들의 열매로 그들을 알리라 마 7:20

행동으로 그들을 알리라는 말씀이다. 21절도 마찬가지다.

> 나더러 주여 주여 하는 자마다 다 천국에 들어갈 것이 아니요 다만 하늘에 계신 내 아버지의 뜻대로 행하는 자라야 들어가리라 마 7:21

주님은 '행함'을 이처럼 강조하신다. 이론으로 알고 입으로 전하는 지식 전달이 중요한 것이 아니라 삶의 변화가 중요하다. 내가 얼마나 좋은 생각을 하느냐도 중요하지만, 그것이 내게 어떤 좋은 열매를 맺게 만드느냐, 이것이 더 중요하다는 것이다.

예전에 출애굽기를 읽다가 모세와 이스라엘 백성이 홍해를 건너는 과정에서 흥미로운 구절 하나를 발견했다. 홍해를 앞에 두고 하나님이 모세에게 이렇게 말씀하신다.

여호와께서 모세에게 이르시되 너는 어찌하여 내게 부르짖느냐 이스
라엘 자손에게 명령하여 앞으로 나아가게 하고 **출 14:15**

이 말씀을 잘못 읽으면 하나님의 의도를 오해하게 된다. 잘못 읽
으면, 모세가 기도하고 있는데 하나님이 '너는 왜 나에게 기도하니?'
라며 기도하는 행위를 꾸짖는 것 같은 뉘앙스이다. 하지만 이런 뜻이
아니다. 여러 버전으로 이 구절을 읽다 보니 공동번역이 이 구절의 뉘
앙스를 잘 표현했다.

"너는 어찌하여 나에게 부르짖기만 하느냐? 이스라엘 백성에게 전
진하라고 명령하여라"(출 14:15, 공동번역).

모세가 부르짖는 것을 꾸짖는 것이 아니라 '왜 부르짖기만 하느냐'
는 것이다. 그렇게 기도했으면 이제 행동해야 한다는 것이다. 이스라
엘 백성에게 전진하라고 명령해야 한다는 것이다.

오래전에 깨달은 이 말씀은 내 마음에 큰 의미로 자리 잡고 있다.
왜 부르짖기만 하느냐는 하나님의 권면이 내 마음에 깊이 와닿았다.

기도만 하지 말고 백성들에게 전진하라고 명령해야 한다. 기도하
는 믿음이 있으면 이제 일어나 행함으로 믿음을 온전하게 해야 한다
는 것이다.

네가 보거니와 믿음이 그의 행함과 함께 일하고 행함으로 믿음이 온
전하게 되었느니라 **약 2:22**

피리를 불면 함께 춤을 추다

올해 초, 그러니까 일만성도 파송운동 이후에 위기에 놓인 우리 교회의 현실을 생각하며 두렵고 불안하고 괴로운 시간을 보냈다. 그 두려움 속에서 말씀을 깊이 묵상하고 하나님께 기도할 때 하나님이 대안을 주시고 그 메시지를 성도들과 함께 나눌 수 있었다. 우리 교회가 현상유지적인 교회와 박물관 교회로 전락하지 않도록 우리 모두 힘을 합하자는 설교 후, 성도들의 반응이 참 감사했다. 교구 목사님들을 통해 그간 지쳤던 순장들에게서 이제 힘을 내고, 모두 힘을 합하자는 결단들이 이어지며 하나님 앞에 더 달려가기로 했다는 소식을 들었다. 얼마나 반갑고 또 고마웠는지 모른다.

담임목사가 피리를 불면 성도들이 춤추는 교회, 담임목사가 메시지를 전하며 대안을 선포하면 그에 반응함으로 전진하는 성도가 모여 있는 교회는 행복하다. 비록 여러 부분에서 연약할지라도 이 강점만 살아 있다면 그 교회는 절대 박물관 교회로 전락하지 않으리라 믿는다.

하나님 앞에서도 마찬가지이다. 우리 개개인이 하나님 앞에서 행동해야 한다. 깨달은 대로 행동해야 한다. '어찌하여 나에게 부르짖기만 하느냐. 그만큼 기도했으면 이제 백성들에게 전진하라고 명령하라'라고 하시는 이 정신이 우리 안에서 살아나야 한다. 이것이 변질을 막기 위해 우리의 행위를 변화시키는 첫 번째 대안이다.

행하되 말씀에 기초하여 행하라

둘째, 변질을 막기 위해서는 행하는 것이 중요한데, 행하되 '말씀에 기초한 행함'이어야 한다.

지금까지 행함의 중요성을 강조했는데, 잊지 말아야 할 것은 그 행함이 '하나님의 말씀'이라는 가이드 아래 진행되어야 한다는 것이다. 마태복음 7장 24절을 강조점을 달리하여 다시 한번 보자.

> 그러므로 누구든지 '나의 이 말을 듣고' 행하는 자는 그 집을 반석 위에 지은 지혜로운 사람 같으리니 마 7:24

이 말씀은 주님이 '행함'을 강조하기 위해 하신 말씀이지만, 동전의 양면처럼 '나의 이 말을 듣고' 행하라는 것을 강조한 말씀이기도 하다. 주님의 말씀을 '듣고', '행하는' 자는 그 집을 반석 위에 지은 지혜로운 사람과 같다는 것이다. 주님은 지금 행위 구원을 강조하시는 게 아니라 주옥같은 산상수훈의 말씀을 들려주시면서 그 말씀이 우리 삶에 변화를 가져다주는 기준이 되게 하고 그렇게 기준이 된 주님의 말씀에 기초하여 행하라고 하시는 것이다.

21절도 마찬가지다. 이 말씀 역시 강조점을 달리하여 보자.

> 나더러 주여 주여 하는 자마다 다 천국에 들어갈 것이 아니요 다만 '하늘에 계신 내 아버지의 뜻대로' 행하는 자라야 들어가리라 마 7:21

그냥 행한다고 천국 가는 게 아니다. 우리가 행하되 '하늘에 계신 아버지의 뜻대로' 행하는 것이다. 그러려면 어떻게 해야 하는가? 행동하기 전에 아버지의 뜻이 뭔지를 알아야 한다. 아버지의 뜻이 무엇인지 알려고 노력해야 한다. 이것이 중요하다.

주님 무엇을 하리이까?

사도행전 22장을 보면, 사도 바울이 자신이 어떻게 예수님을 믿게 되었는지 간증하는 내용이 나온다.

> 가는 중 다메섹에 가까이 갔을 때에 오정쯤 되어 홀연히 하늘로부터 큰 빛이 나를 둘러 비치매 내가 땅에 엎드러져 들으니 소리 있어 이르되 사울아 사울아 네가 왜 나를 박해하느냐 하시거늘 행 22:6,7

예수 믿는 사람들을 핍박하고 잡아 죽이던 바울이 인생의 결정적인 전환을 맞이하는데, 바로 예수 그리스도를 인격적으로 만난 것이다.

예배를 드리다가 극적으로 주님을 만나서 예배가 끝나고 모두 다 돌아간 후에도 그 자리를 떠나지 못하고 눈물 콧물로 범벅이 되어 기도하는 성도들의 모습을 나는 개척 초기부터 여러 번 보았다. 바울도 이렇게 극적이고 가슴 벅찬 주님과의 만남을 경험한 것이다.

그런데 여기서 중요한 것은 그 상황에서 바울이 던졌던 두 가지 질문이다. 바울이 주님께 물었다.

"주님 누구시니이까?"

이것은 주님과의 관계 회복을 위한 질문이다. 그러자 주님이 대답하셨다.

"나는 네가 박해하는 나사렛 예수이다."

그랬더니 바울이 바로 연이어 두 번째 질문을 드렸다.

"주님 무엇을 하리이까?"

나는 바울이 드린 이 두 가지 질문이 오늘 우리에게도 필요하다고 생각한다. 성장과 변화를 위한다면 끊임없이 이 두 가지 질문을 드려야 한다.

"주님 누구시니이까?", 이 질문을 통해 주님과의 관계가 제대로 정립되도록 해야 한다. 그분이 내게 어떤 의미를 가진 분이신지, 내 삶에 어떤 영향을 끼치는 분이신지 이 질문으로 정립해가야 한다. 하지만 이것만 물으면 안 된다. 여쭈어야 할 두 번째 질문이 있다.

"주님 무엇을 하리이까?", 주님이 나의 주인이시라면 이제 내 행동에 어떤 변화를 줘야 할지를 여쭙는 질문이다. 그동안에는 내 멋대로, 나의 신념대로 행해왔다면 이제는 철저히 주님이 말씀하시는 대로 행하겠다는 의지가 포함된 질문이다.

나는 목회하는 내내 이 두 가지 질문을 주님께 자주 되뇌었다. 그리고 그 내용을 다루는 사도행전 22장 말씀을 묵상해왔다. 그런데 이번에 다시 묵상하면서 이 두 번째 질문을 던지는 사도 바울의 마음에 감정이입이 되었다. 바울은 주님께 이 질문을 드리며 참담했을 것이다. 그리고 주님께 죄송했을 것이다. 바울은 지금까지 자기 생각에 옳은 대로 행동해왔다. 그렇게 자기 신념에 따라 옳다고 생각해서 행동했는데, 결과적으로 그것이 주님을 핍박하는 일이었음을 깨닫게 된 것이다.

우리도 마찬가지다. 우리가 진짜 은혜를 받아 성숙으로 나아가려면 이 깨달음이 있어야 한다. 우리도 교회를 위해 열심히 섬겼다. 주님을 위해 마음을 다해 헌신했다. 그런데 어느 날, 내 소견에 옳은 대로 행했던 나의 열심이 교회와 하나님께 유익이 되는 게 아니라는 것을 자각하는 순간부터 진짜 제대로 된 일꾼으로 거듭나는 것이다.

사도 바울이 고개 빳빳이 쳐들고 '주님 이제 저 같은 고급 일꾼 만났으니까 복 터진 줄 아세요'라는 태도로 "주님 무엇을 하리이까"라고 질문하는 것이 아니다. 바울은 지금 주님께 죄송한 마음으로 질문하고 있다. 자기 나름대로 옳은 일이라고 생각해서 열심히 행동했는데, 그게 하나님의 교회를 핍박하는 일이었음을 깨달았기 때문이다. 그래서 이 질문은 하나님 앞에서 겸손한 사람만 할 수 있다.

"주님 무엇을 하리이까?"

자기 확신에 차 있는 사람은 주님께 이런 질문을 드리기 어렵다. 그렇기 때문에 신앙의 성숙이란 그동안 갖고 있던 자기 확신을 내려놓는 것에서부터 시작된다. 자기 확신을 내려놓으면 질문이 많아진다.

"주님 무엇을 하리이까? 제 생각에는 이것이 주님의 나라를 위해서, 교회를 위해서 옳은 것 같지만, 저는 미련한 인간입니다. 옳고 그름을 분별할 수 없어서 주님께 뜻을 구합니다."

이런 질문이 많아지는 사람이 성숙해져가는 사람이다. 매일 하루를 시작할 때 "주님 무엇을 하리이까?"라고 질문함으로 시작하길 바란다.

자녀교육에도 이런 태도가 필요하다. 우리는 미련해서 아이들을 어떻게 지도하는 것이 옳은지 잘 모른다. 그러다 보니 잘 키우려고 한 것이 오히려 아이에게 상처와 아픔을 줄 때도 많고, 이게 옳은 길이라고 생각해서 권했던 일들이 잘못된 권면임을 느낄 때도 많다. 그렇기 때문에 자녀교육에서 중요한 것은 매 순간순간을 하나님께 아뢰는 태도이다.

나처럼 이미 아이들이 다 자라서 기회가 별로 없는 부모들도 계속 노력해야 하지만, 특히 아직 어린 자녀를 둔 부모들은 반드시 기억해야 한다. 매일 하나님께 물으며 자녀교육을 해야 한다.

"주님 무엇을 하리이까? 어떻게 하면 이 아이를 잘 기를 수 있을지 가르쳐주십시오."

우리가 듣기만 하고 그치는 것이 아니라 행함 있는 믿음으로 전환하되, 주님의 뜻에 따라 주님께 물어가면서 말씀이 이끄시는 대로 행동하며 나아갈 때 우리는 변질을 막을 수 있다.

구체적인 행동강령 – 말씀을 묵상하라

이런 점에서 강조하고 싶다. 교회가 박물관 교회로 변질되는 것을 막을 수 있는 가장 강력한 대안은 교회 체질을 '말씀 묵상하는 교회'로 바꾸는 것이다. 말씀을 알아야 제대로 실천할 수 있다. 이 사실을 잊으면 안 된다. 그럴 일은 없겠지만 교회가 하루 빨리 박물관 교회로 전락하길 바란다면, 성도들에게 말씀의 중요성을 강조하지 않아서 '말씀에 무지한 성도'로 만들면 된다.

세월이 흘러도 변질되지 않는 '사명 중심의 교회'를 세우기 원한다면 말씀 묵상하는 교회가 되어야 한다!

바울이 자기 생각이 옳다고 믿으며 제멋대로 할 때는 하나님을 섬기는 게 쉬웠다. 혈기 나는 대로 하면 되었다. 하지만 예수님을 만난 후로 사도 바울이 쓴 편지들을 읽어보라. 그는 항상 하나님의 말씀에 사로잡혀 있던 사람이다. 항상 하나님의 말씀에 견인되었다. 그 말씀을 깨닫도록 성령께서 지혜로 인도해주시기를 갈망하는 인생이 되었다.

나는 교회적인 차원에서 말씀 묵상하는 교회가 되기 위해 분당우리교회에서 한 가지 구체적인 대안을 제시했다. 전 성도들이 하루에 한 장씩 성경을 읽는 교회가 되기 위해 젊은 목회자들과 함께 '한 구절 묵상집'이라는 것을 만들었다. 아무리 바쁘고 분주해도 '한 구절 묵상'을 빠뜨리면 안 된다고 강조하고 또 강조했다. 성경을 하루에 한 장씩 읽으면 3년이면 1독 할 수 있다. 그런데 기계적으로 읽기만 하는 것으로는 부족하다. 말씀을 묵상해야 한다. 생활 속에서 말씀을 곱씹는 습관을 만들어야 그 말씀이 내 삶에 영향을 미친다.

교회에서 진행하는 여러 이벤트는 교회를 성숙하게 만들지 못한다. 대형 집회도 신앙을 성장시키지 못한다. 담임목사로서 나도 분당우리교회 이름으로 큰 행사를 하고 싶다. 대형 체육관에 모여 창립행사도 하고, 큰 집회도 하면서 모여서 힘을 주고 싶을 때도 많다. 하지만 개척 이후 21년째 참고 있다. 그게 소용없다는 것을 알기 때문이다. 성도들이 성경을 안 읽으면 이벤트 백날 한들 그것이 어떻게 성도들을 성숙하게 하겠느냔 말이다.

그래서 나는 성도들 앞에서 아예 쐐기를 박았다. 우리 교회는 이벤트 하는 교회가 아니라 말씀 묵상하는 교회가 되겠다고.

성도 한 사람 한 사람이 말씀으로 성숙해질 때 변질되지 않는 굳건한 교회가 될 수 있다. 건강한 성도가 모인 교회가 건강한 교회 아닌가. 그러니 한국 교회가 박물관 교회로 가는 길을 막기 위해서는 성도 한 사람 한 사람이 말씀의 기초 위에 든든히 서 있어야 한다.

위기를 견디는 힘

말씀의 반석 위에 기초를 세우는 것이 왜 중요한가? 교회도 그렇고 우리 개개인도 그렇고 위기가 오고 흔들리는 때가 반드시 오기 때문이다. 그때를 위해서라도 우리 기초를 말씀의 반석 위에 든든히 세워야 한다. 본문 말씀을 다시 보자.

그러므로 누구든지 나의 이 말을 듣고 행하는 자는 그 집을 반석 위에 지은 지혜로운 사람 같으리니 비가 내리고 창수가 나고 바람이 불

어 그 집에 부딪치되 무너지지 아니하나니 이는 주추를 반석 위에 놓
은 까닭이요 나의 이 말을 듣고 행하지 아니하는 자는 그 집을 모래
위에 지은 어리석은 사람 같으리니 비가 내리고 창수가 나고 바람이
불어 그 집에 부딪치매 무너져 그 무너짐이 심하니라 마 7:24-27

나는 여기서 중요한 두 가지 법칙을 깨달았다.

첫째로, 평상시에는 반석 위에 지은 집과 모래 위에 지은 집의 차
이가 잘 안 난다는 것이다.

성경 한 구절 안 읽어도 별 어려움 없이 살아갈 수 있다. 성경 한
구절 안 읽고도 장로 될 수 있고, 권사 될 수 있다. 그러나 중요한 것
은 그다음 나오는 두 번째 법칙이다.

둘째로, 평상시에는 성경을 가까이하지 않아도 별문제가 없어 보
이지만, 살아가다가 맞닥뜨리게 될 인생의 위기가 찾아오는 순간에,
이 둘의 차이가 확 드러난다는 것이다.

25절과 27절에서 반석 위에 지은 집과 모래 위에 지은 집에 공통적
으로 나타나는 현상이 있다.

"비가 내리고 창수가 나고 바람이 불어 그 집에 부딪치매."

말씀을 가까이하고 묵상하는 사람과 그렇지 않은 사람 모두에게
인생의 어려움이 찾아온다. 누구에게나 예외 없이 찾아온다.

말씀 묵상이 중요한 것은, 바로 이런 위기가 찾아올 때 말씀을 가
까이하며 묵상하는 사람의 인생은 반석 위에 지은 집처럼 견고하기
때문이다. 이것이 중요하다. 비 오고 바람 부는 것은 똑같지만, 그

위기에 굳게 버틸 수 있는 것은 하나님의 말씀으로 채워진 반석 위에 지은 집이라는 것이다.

말씀이 살린다

다시 강조한다. 말씀이 교회를 살린다. 그리고 말씀이 가정을 살린다. 우리 각자가 어려움에 직면하게 될 때 평소에 쌓아둔 말씀 묵상이 얼마나 큰 힘이 되는지를 경험하게 된다.

말씀 묵상은 사탄의 공격을 막아내는 능력이다. 사탄이 이렇게 공격하면 이 말씀이 나오고, 저렇게 공격하면 저 말씀이 나오면서 막아내는 인생은 복되다.

위기가 올 때, 사탄이 공격할 때, 대응하며 막아낼 말씀이 한 구절이라도 있는가? 지금부터 말씀으로 무장하기 바란다. 말씀의 반석 위에 집을 세우는 지혜로운 사람이 되기를 바란다.

지금부터 다시 시작하자. 위기가 오기 전에, 바람이 불고 창수가 나기 전에 말씀을 쌓자. 말씀을 묵상하자. 위기가 찾아올 때를 대비해서. 말씀의 반석 위에 있으면 안전하다.

말씀으로 무장된 우리 한 사람 한 사람이 교회의 변질을 막는 용사가 된다. 모두들 위기라고 하는 한국 교회의 현실에서 절대로 현상유지나 하는 것이 아니라 그 흐름을 거슬러 올라가 오히려 부흥을 맛보는 놀라운 역사를 경험하게 되기를 바란다.

"빈들에 마른 풀같이 시들은 나의 영혼 주님이 약속한 성령 간절히 기다리네."

그러려면 주님이 약속한 성령을 간절히 기다려야 한다. 주님이 약속하신 성령을 기다린다는 것은 말씀 묵상과 기도로 무장되었다는 것을 뜻한다. 말씀 묵상도 안 하고 기도도 안 하면서 "성령의 단비를 기다린다"라고 할 수는 없지 않겠는가?

이제 좀 지쳐 있는 자리에서 일어나 행동하는 우리가 되길 바란다. 《럽잇업》에서 말하는 것처럼 우리가 바라는 대로 먼저 행동해야 한다. 우리의 믿음이 행함 있는 믿음으로 바뀌고, 우리 한 사람 한 사람이 말씀의 견인을 받을 때, 영적인 무기력이 떨쳐지는 놀라운 하나님의 은혜가 모두에게 넘치리라고 믿는다. 말씀 묵상하는 데 집중하는 교회와 성도들이 많이 나오기를 바라며 기도한다.

3
chapter

모이기를 힘쓰는 교회

66 모이고 나누고 누리면
활력이 넘친다 99

히브리서 10장 23-25절

23 또 약속하신 이는 미쁘시니 우리가 믿는 도리의 소망을 움직이지 말며 굳게 잡고 24 서로 돌아보아 사랑과 선행을 격려하며 25 모이기를 폐하는 어떤 사람들의 습관과 같이 하지 말고 오직 권하여 그날이 가까움을 볼수록 더욱 그리하자

우리는 미래교회 학자 레너드 스위트 교수가 말한 네 단계의 교회를 점검하며 어떻게 하면 박물관 교회로 전락하는 변질을 막을 수 있을지에 대해 살펴보고 있다.

이번 장에서 제시하는 교회의 변질을 막는 두 번째 대안은 '모이기를 힘쓰는 교회'가 되어야 한다는 것이다. 왜 모이기에 힘써야 하며, 모이기를 힘쓰는 것이 어떻게 변질을 막는 대안이 될 수 있는가? 이 질문에 대한 두 가지 이유를 설명하려고 한다.

모이라, 하나님의 명령이다

첫째는 이것이 교회를 향한 하나님의 명령이기 때문이다. 아주 심플하다. 주님이 모이기에 힘쓰라고 명하셨기 때문에 우리는 순종해야 하는 것이다.

모이기를 폐하는 어떤 사람들의 습관과 같이 하지 말고 오직 권하여 그날이 가까움을 볼수록 더욱 그리하자 히 10:25

본문은 교회를 향한 핍박이 극심하던 시대를 배경으로 하고 있다. 그러다 보니 모이는 것이 위축될 수밖에 없었고, 그런 위축이 지속되니 그게 습관이 되어버렸다. 그러다가 '이런 상황인데 굳이 모일 필요가 있나?'라고 생각하는 분위기가 형성되었다. 나는 이것이 딱 오늘 우리 시대의 상황과 매우 비슷하다고 생각한다.

코로나19는 우리에게 모임을 방해하는 악한 도구가 되었다. 코로나19가 무서운 전염병이다 보니 공적으로 드리는 예배를 포함한 교회에서의 모든 모임이 위축될 수밖에 없었다. 그야말로 코로나19는 교회 공동체를 포함한 모든 사람들의 모임을 다 방해하는 악한 방해꾼이었다. 초기에는 조금만 참으면 곧 끝날 줄 알았다. 그랬는데 이런 상태가 무려 3년 이상 계속되니, 집에서 예배드리는 게 습관이 된 성도들이 많아져버렸다.

이것은 굉장히 위험한 상황이다. 하나님은 모이라고 명령하셨다. 그 명령에 순종하여 함께 모일 때 거기에 하나님의 역사가 나타나고 복음의 능력이 나타난다. 이처럼 역동적인 모임 가운데서 하나님의 일하심도 역동적으로 경험할 수 있는데, 코로나19는 이 부분을 위축되게 만들었다. 그리고 많은 성도들이 가정에서 유튜브 등을 통해 드리는 '비대면 예배'에 익숙해져버렸다.

극심한 위기의 때에는 이렇게라도 예배를 드릴 수 있어서 감사했지만, 이런 비대면 예배가 습관화되는 것은 옳지 않다. 하나님은 여전히 우리가 함께 모여 예배드리고, 함께 모여 교제 나누길 원하신다.

성전에 모이기를 힘쓰고, 가정에서 떡을 떼라

교회가 맨 처음 태동되던 초대교회도 하나님이 이 원리대로 인도해 주셨다.

> 그들이 사도의 가르침을 받아 서로 교제하고 떡을 떼며 오로지 기도 하기를 힘쓰니라 … 날마다 마음을 같이하여 성전에 모이기를 힘쓰고 집에서 떡을 떼며 기쁨과 순전한 마음으로 음식을 먹고 하나님을 찬미하며… 행 2:42,46,47

그들은 마음을 같이하여 성전에 모이기를 힘썼다. 오늘날로 말하면 공적인 예배다. 공적인 예배로 모이는 것이 필요하다.

그런가 하면 집에서 떡을 떼는 것은 소그룹 모임이다. 우리 교회에서는 '다락방'이라는 이름으로 모여 같이 교제한다. 소그룹 모임에서는 주일 공예배처럼 일방적으로 설교를 듣기만 하는 게 아니라 인격과 인격이 만나서 서로 자기 이야기를 나눈다. 자신의 아픔과 상처를 나누고 같이 기도하는 가운데 역동이 나타나는 곳이 소그룹 모임이다. 가정에서 떡을 뗄 때 일어나는 일이다.

교회의 역동성은 대형 행사를 통해서가 아니라 사람과 사람 사이에 역동적인 관계가 일어날 때 형성된다. 그럴 때 비로소 그 교회는 역동적인 교회가 된다.

사람만 남는다

나는 최근에 이것을 뼈저리게 경험했다. 미국 집회를 다녀오면서 그동안 경험해보지 못했던 일들을 많이 경험했다. 하나님이 나를 위로해줘야 한다고 생각하셨는지 가는 곳마다 융숭한 대접이 이어졌다. 초대받아 간 교회도 잘 섬겨주는 교회여서 과하다고 느껴질 만큼 극진한 섬김을 받았다.

그리고 가는 곳마다 교포 성도님들이 "제가 힘들 때 목사님의 설교로 은혜를 받아서 꼭 한번 대접해드리고 싶었습니다"라고 말씀하며 섬겨주셨다. 덕분에 생전 가보지 못했던 고급 식당에도 가보고 고급 음식도 먹어볼 수 있었다. 속으로 '촌놈이 출세했네'라고 생각할 만큼 대접을 받았다. 그런데 그 과정에서 내가 깨달은 것이 무엇인지 아는가?

그렇게 과분한 대접을 많이 받아 누렸던 미국에서의 일정을 마친 후 한국으로 돌아왔는데, 정말 희한하게도 인천공항에 도착하던 순간부터 미국에서 내가 갔던 그 고급 식당, 내가 먹었던 그 고급 음식들은 한 번도 생각이 안 났다. 인간적으로 생각하면 '와, 그 식당 진짜 좋더라. 그 음식 정말 맛있더라. 나중에 꼭 다시 먹어봐야지' 같은 생각들이 들 법도 한데, 그런 것은 전혀 떠오르지 않았다.

다만 부족한 내 설교를 듣고 은혜받았다며 대접해주신 그 성도의 모습만 자꾸 떠올랐다. 그렇게 나누었던 그 분과의 인격적인 교제가 내 마음에 기쁨으로 각인되었다. '나는 부족한데 하나님이 나를 이렇게 우대해주셨구나' 하는 은혜에 대한 감사와 감격만 떠올랐다.

특히 미국에서의 마지막 일정이 뉴욕에서 있었는데, 거기에 나를 너무나 간절히 만나기 원하는 부부가 있었다. 지인을 통해 "짧은 시간이라도 좋으니 한 번만 만났으면 좋겠다"는 얘기를 듣고 그 부부를 만나게 되었다. 나를 그토록 절실히 만나기 원한다니, 속사정이 조금은 짐작이 되었다. 교회에서 아픔을 경험한 것이다.

그 부부가 원래 섬기던 교회는 다른 주(州)에 있었는데, 이사를 하면서 새로운 교회에 다니게 되었던 것 같다. 거기서도 얼마나 충성스럽게 교회를 섬겼는지, 얘기를 들어보니 거의 사역자 수준이었다. 그렇게 충성스럽게 교회를 섬겼는데, 무슨 일인지 교회에 더 있지 못하고 나온 후에 내 설교를 들었다고 한다. 자세히 얘기는 안 했지만 상처를 받은 것 같다. 그러다 내가 그 지역에 온다고 하니 만나서 위로를 받고 싶었던 것이다.

그날 아내분이 많이 우셨다. 그 모습을 보자니 마음이 아팠다. 이분이 하는 얘기가, 자신들과 같은 성도들이 몇 명 더 있다는 것이다. 그래서 한국으로 돌아오기 전날 시간을 조정하여 한 번 더 만나자고 제안했다. 그리고 그 분들을 만나서 한 분 한 분 교회와 성도들을 위해 얼마나 충성했는지에 관해 듣고 또 위로도 해드리며 그렇게 일정을 마쳤다.

한국으로 돌아와서 미국에서의 일정을 점검해 보니 내 마음에 남아 있는 것은 미국에서 경험했던 고급 식당이 아니라 사람이었다. 내가 만난 사람만 기억에 남아 있었다. 그 어떤 것보다도 '사람과의 교제의 순간'만 자꾸 떠올랐다.

이 일을 통해 뼈저리게 깨달은 것이 있다. 예수 믿는 우리는 고급 식당, 고급 호텔을 통해 채움 받고 위로 받는 것이 아니라 사람을 통해 위로 받고 사람을 통해 채움 받을 수 있다는 사실이다. 사람이 전해준 따뜻한 한마디, 그 사람에게서 느껴지는 따뜻함, 이런 것만이 나에게 위로로 남았다.

그래서 나는 새삼 깨달았다. 결국 남는 것은 사람이다.

나는 내가 위로해드리겠노라고 상처받은 성도들을 만났지만, 오히려 그 분들에게 너무나 많은 공급을 받고 또 귀한 자세를 배웠다. 이런 것이 우리가 추구해야 할 아름다운 모습이라고 생각한다.

이런 일들이 일어나려면 어떻게 해야 하는가? 모여야 한다. 집에서 혼자 예배드리는 것으로는 이런 일이 일어날 수 없다. 그렇기 때문에 하나님은 우리에게 모이라고 명령하신 것이다.

이 사실을 깨달은 나는 마음으로 다짐했다. 교회의 변질을 막기 위해 우리 교회는 모이기에 힘쓰는 교회가 되어야겠다고. 모이기에 힘쓰는 교회가 건강한 교회이다. 모이기에 힘쓰는 성도가 건강한 성도다. 모이기에 힘쓸 때 변질을 막을 수 있다.

모일 때 하나님의 능력이 나타난다

둘째로 우리가 모이기에 힘써야 하는 이유는, 우리가 모일 때 하나님의 능력이 나타나기 때문이다.

마태복음 18장 19,20절을 보자. 예수님이 친히 하신 말씀이다.

진실로 다시 너희에게 이르노니 너희 중의 두 사람이 땅에서 합심하여 무엇이든지 구하면 하늘에 계신 내 아버지께서 그들을 위하여 이루게 하시리라 두세 사람이 내 이름으로 모인 곳에는 나도 그들 중에 있느니라 마 18:19,20

예수님이 뭐라고 말씀하셨는가? 두 사람이 모여서 합심하여 구하면 하나님 아버지께서 이루어주실 것이며, 두세 사람이 예수님의 이름으로 모인 곳에 주님이 함께하실 것이라고 하셨다. 홀로 묵상하고 기도하는 것도 참 좋은 일이다. 그러나 공동체로 함께 모여야 할 때가 있다. 함께 모여 주님의 이름으로 구해야 할 때가 있다. 어떤 답답한 문제를 가지고 씨름하면서 새벽에 홀로 하나님 앞에서 기도하는 것도 좋은 대안이지만, 공동체에서 나눠야 한다. 그렇게 두세 사람이 주님의 이름으로 모여 함께 기도할 때 주님이 약속하신 능력이 나타난다.

분당우리교회를 개척하던 초기에는 우리 교회 소그룹 모임인 다락방 모임에 수시로 방문했다. 그만큼 소그룹 모임에 관심이 많기도 했지만, 소그룹 모임을 다녀오고 나면 늘 큰 힘을 얻었기 때문이다. 다락방 모임을 방문하면서 참 놀라운 장면들을 많이 목격했다. 가능하면 모임에 방해가 안 되려고 끝날 무렵에 방문하곤 했는데, 열 곳 정도 방문해보면 한 대여섯 곳은 울고 있었다. 특히 여성들의 모임이 더 그랬다.

'왜 가는 곳마다 이렇게 울지?' 하는 생각을 많이 했다. 왜들 그렇게 울고 있었겠는가? 두세 사람이 모인 그곳에서 자기들의 아픈 기도 제목을 나누고, 또 그 문제를 놓고 함께 기도할 때 위로를 받고 문제가 해결되는 은혜를 경험하기 때문이다. 서로의 아픔을 위해 눈물로 기도해주느라 울고, 또 그 안에서 경험하는 위로와 능력이 너무 감사하여 은혜의 눈물을 흘리느라 운다.

그래서 우리 교회가 내세우는 구호는 '함께 울고 함께 웃는 교회'다. 이 구호는 함께 모일 때 가능해진다.

모일 때 성령 충만이 시작된다

초대교회가 태동하는 과정에서도 모이기를 힘쓸 때 이런 역사가 많이 나타났다. 사도행전 2장에 보면 너무나 아름다운 교회가 태동되는데, 바로 그 앞에 성령의 강한 역사가 일어난다. 언제 성령의 역사가 일어났는가?

> 오순절 날이 이미 이르매 그들이 다 같이 한곳에 모였더니 홀연히 하늘로부터 급하고 강한 바람 같은 소리가 있어 그들이 앉은 온 집에 가득하며 행 2:1,2

성령 충만은 이렇게 갈망하는 사람들이 함께 모인 그 자리에서 시작되었다. 나는 우리 교회가 늘 이렇게 뜨거운 교회가 되기를 바란다. 보통, 교회성장학 교수들은 교회가 사명 중심의 교회로 시작하여 박물관 교회로 전락하기까지 대략 30년 주기가 걸린다고 분석하는데, 이런 학자들의 분석이 틀릴 수 있음을 증명하는 교회가 되길 원한다. 분당우리교회뿐 아니라 이 땅의 모든 교회가 시간이 흘러도 변질되지 않기를 기도하며 사모한다.

이 기도가 응답되기 위해서는 어떻게 해야 할까? 모여야 한다. 모이기에 힘써야 이런 놀라운 일들이 일어난다. 함께 모여 뜨거운 은혜를 갈망하며 기도해야 한다. 하나님 앞에서 서로의 기도 제목을 나누고 아픔과 슬픔을 드러내며 같이 꿈을 꾸는 것이다. 그렇게 모이기에 힘쓸 때 변질을 막는 하나님의 능력이 나타나게 된다.

구약에서도 마찬가지다. 구약에서 하나님의 백성이 타락하여 영적으로 어두워지고 이스라엘이 위기를 만날 때 하나님은 어김없이 지도자를 보내주셔서 회복시켜주셨다. 사무엘 시대 때도 그랬다. 영적으로 어두운 시대에 위기를 만난 상황에서 하나님은 지도자로 사무엘을 세우셨다. 사무엘이 세워졌다는 것보다 중요한 것은 이런 어려운 시기에 지도자로 세움 받은 사무엘이 부흥을 위해 가장 먼저 한 일이 무엇이었는가이다. 그가 가장 먼저 한 일은 무엇인가?

사무엘이 이르되 온 이스라엘은 미스바로 모이라 내가 너희를 위하여 여호와께 기도하리라 하매 그들이 미스바에 모여 물을 길어 여호와 앞에 붓고 그날 종일 금식하고 거기에서 이르되 우리가 여호와께 범죄하였나이다 하니라 사무엘이 미스바에서 이스라엘 자손을 다스리니라 삼상 7:5,6

지도자로 세움 받은 사무엘이 꿈을 가지고 시작한 일은 '함께 모여' 기도하는 일이었다. 그리고 그 자리에서 회개가 터져 나왔다. 이처럼 부흥의 역사는 모이는 것으로 시작한다.

나는 이 구절을 읽으면서 마음의 충동을 느꼈다. 사무엘이 온 이스라엘을 미스바에 모이게 한 것을 보면서 나도 그렇게 성도들에게 선포하고 싶었다. 함께 모이자고, 모여서 기도하자고, 그리고 모여서 회개하자고. 모든 성도가 하나님 앞에 모여 회개하고 기도하며 함께 꿈을 꿀 때, 교회의 부흥은 물론이고 우리의 가정과 개인의 심령이 모두 회복되는 역사가 일어날 줄 믿는다.

모이는 일에 정성을 다하라

이렇듯 우리가 하나님 앞에서 모이기에 힘쓸 때 부흥과 회복이 시작되고 변질을 막는 하나님의 능력과 역사가 나타난다.

그렇기 때문에 교회는 모이기에 힘써야 하는데, 교회가 '모이기를 힘쓰는 공동체'가 되기 위해 기억해야 할 두 가지 지침이 있다.

첫째로, 모이는 일에 '정성'을 다해야 한다.

사도행전 2장 46,47절을 새번역 성경으로 보자.

> 그리고 날마다 한 마음으로 성전에 열심히 모이고, 집집이 돌아가면서 빵을 떼며, 순전한 마음으로 기쁘게 음식을 먹고, 하나님을 찬양하였다… 행 2:46,47, 새번역

여기 보면 초대교회의 역동성이 두 가지로 나타난다. 하나는 온 회중들이 다 같이 모여 함께 찬양하고 예배하는 현장이다. 그런가 하면 다른 하나는 "집집이 돌아가면서 빵을 떼며", 즉 초대교회가 각 가정을 돌아가며 소그룹 모임을 가진 것이다.

요즘엔 소그룹 모임을 교회에서 하는 경우가 많은데, 사실 소그룹 모임이 온전한 기능을 하려면 돌아가면서 집에서 모여야 한다. 자기 집을 오픈하고 손님을 맞기 위해 음식을 준비하고 함께 그 음식을 나누는 것, 그렇게 모여 하나님께 함께 기도하고 찬양하는 것, 그렇게 가정에서 모이는 것이 필요하다. 여기에 무엇이 들어가는가? 정성이 들어간다.

손님을 맞기 위해 집안을 뒤집어 청소를 하고 함께 나눌 음식을 준비하고, 함께 모여 그 음식을 나누며 서로를 위해 기도하는 그 과정에 정성이 들어가는 것이다. 그렇다고 화려한 음식을 준비할 필요는 없다. 김밥 한 줄을 내더라도 주님 이름으로 찾아오는 소그룹 손님을 위해 정성을 다하여 준비하는 것이다.

"하나님, 이 모습이 초대교회에서 일어났던 그 역동적인 모임인 줄 믿습니다. 우리가 기쁘게 음식을 먹고 이 자리가 하나님을 찬양하는 도구가 되기를 원합니다."

정성 다해 섬긴 모임에서 능력이 나타난다

최근에 우리 교회에서 소그룹 리더인 순장으로 오래 섬긴 분에게 순장 사역에 관한 이야기를 들었는데, 큰 감동을 받았다. 이 부부는 각각 역할을 나누어서 다락방을 섬겼다고 했다. 이 일이 어떻게 시작되었는가 하니까, 어느 날 순장님의 아내 되시는 권사님이 이런 말을 했다는 것이다.

"당신이 이렇게 다락방 모임을 은혜롭게 인도하려고 애쓰는데, 나도 뭔가 일조하고 싶다"면서 모일 때마다 제철 과일을 책임지겠다고 하셨다. 그래서 그때부터 소그룹 모임을 할 때마다 아내 권사님이 과일을 준비해주셨는데, 매번 같은 과일이 나오는 게 아니라고 한다. 다락방 모임이 있는 하루 전날까지 한 주 내내 '요즘 무슨 과일이 제일 좋지? 무엇을 준비할까?' 고민하면서 정성껏 준비하는데, 그일을 무려 8년째 계속하고 계신다. 그 권사님에겐 이것이 사역이 된것이다.

얼마나 정성을 다하는지, 성경공부 모임이 끝나고 아내 권사님이 과일을 내면 '우와!' 하며 탄성을 지른다고 한다. 그 과일에 정성이 담겨 있기 때문이다.

그렇게 아내는 온 정성을 기울여 그 모임을 위해 과일을 준비하고, 남편은 또 피곤한 직장인들이 모이는데 어떻게 섬길까 고심하며 정성을 다하니까 그 모임에서 많은 역사가 일어나고 능력이 나타나는 것이다.

한번은 사십 대 초반의 젊은 순원에게서 전화가 왔다고 한다. 전화를 걸어놓고선 처음에는 아무 말도 안 하더란다. 그래서 '뭔가 일이 있구나' 짐작하고 무슨 일이 있는지 물었더니, 건강검진을 했는데 암 판정을 받았다는 것이다. 이제 사십 대 초반 젊은 나이에 암 판정을 받았으니 얼마나 놀랐겠는가. 그 놀란 심정으로 순장님에게 전화를 걸어서 눈물을 흘리며 기도 부탁을 했다고 한다.

수술 당일, 그 순장님이 아침 일찍 병원으로 찾아가 수술을 앞둔 그 순원과 가족들의 손을 잡고 기도를 해드렸다고 한다. 그런데 그 순장님이 그 분과 피가 섞인 형제도 아닌데 얼마나 눈물이 나던지, 눈물이 너무 많이 나서 기도 인도를 제대로 못할 정도였다고 한다.

그렇게 눈물을 쏟으면서 기도한 후에 수술실로 들어가는 순원의 뒷모습을 보며 "하나님, 저 의사 분이 실수하지 않고 수술을 잘할 수 있게 도와주세요" 간절히 기도했는데, 벌써 시간이 많이 흘렀음에도 그 간절했던 순간이 잊히지 않는다는 것이다.

이것이 소그룹이 가진 힘이고 역동이다. 모두가 외로운 도시생활을 하면서 이런 어려운 일 앞에 전화로 눈물 흘리며 기도 부탁할 대상이 있다는 건 복된 일 아닌가? 모일 때 이런 일이 일어난다. 모이되 정성을 다할 때 이런 참된 위로가 넘치는 공동체가 된다.

리더들만 정성을 다해야 하는 것이 아니다. 모임에 참여하는 구성원 한 사람 한 사람이 다 정성을 다해야 한다. 모두가 모이는 데 힘을 기울이고 정성을 다하면, 하나님이 그 모임 속에 능력으로 역사하시고 일하신다는 사실을 기억해야 한다.

주중 예배도 마찬가지다. 모여 예배드리는 일에 정성을 다하는 것이다. 교회마다 수요예배나 금요예배가 있는데, 주보 쓱 보고 '이번 수요일은 이 목사님이 설교하네? 예배를 한 주 쉬어도 되겠다'라거나

'아, 이번 주 설교자 목사님은 설교 잘하시는데, 참석해야지' 하는, 이런 태도로 임하는 예배는 정성을 다한 예배가 아니다.

예배는 '시간을 떼서' 하나님께 드리는 행위다. 나는 설교를 준비하는 시간도 하나님께 시간을 드리는 예배라고 생각하며 준비한다. 우리는 예배에 '저 목사가 설교를 얼마나 잘하나, 준비를 잘했나' 점수를 매기는 심사위원으로 참석하는 것이 아니다. 그 시간에 은혜가 되느냐 안 되느냐에 관심이 집중될 것이 아니라 '시간을 떼서 하나님께 드리는 행위'로서의 예배가 중요한 것이다. 하나님께 드렸으면, 은혜가 되고 안 되고는 하나님의 소관이다. 그저 우리는 모이는 일에 정성을 다하는 것이다. 이것이 모이는 데 힘쓰는 공동체가 되기 위한 첫 번째 행동 지침이다.

모일 때마다 격려하라

둘째로, 건강한 모임이 되기 위한 두 번째 지침은, 모일 때마다 '서로 격려하라'는 것이다.

본문을 보면 가장 많이 등장하는 표현이 '격려하라'이다. 25절을 새번역 성경으로 보자.

> 어떤 사람들의 습관처럼, 우리는 모이기를 그만하지 말고, 서로 '격려하여' 그날이 가까워오는 것을 볼수록, 더욱 힘써 모입시다.
>
> 히 10:25, 새번역

바로 앞 절인 24절에도 '격려하며'라는 단어가 나온다.

서로 돌아보아 사랑과 선행을 '격려하며' 히 10:24

이 구절을 통해 성경이 말하는 건강한 모임의 특징이 '격려하는 공동체'임을 알 수 있는데, 여기서 한 가지 주목해야 할 것이 있다. 히브리서 10장 24절을 포인트를 달리 하여 다시 보자.

'서로 돌아보아' 사랑과 선행을 격려하며 히 10:24

여기 나오는 '서로 돌아보아'는 헬라어로 '카타노오멘'인데, 이 단어가 쓰인 곳이 히브리서에 한 군데 더 있다. 3장 1절이다.

그러므로 함께 하늘의 부르심을 받은 거룩한 형제들아 우리가 믿는 도리의 사도이시며 대제사장이신 예수를 '깊이 생각하라' 히 3:1

여기 나오는 '깊이 생각하라'가 '카타노오멘'이다. 그러니까 우리가 함께 모여 서로 격려할 때, 인사치레로 하는 형식적인 격려가 아니라, 우리가 예수님을 깊이 생각하듯 진심에서 우러나오는 격려를 하라는 것이다.

격려해야 한다. 격려하되 진심을 담아 격려해야 한다. 우리가 기억해야 할 것은, 사람은 지적해서 고쳐지는 존재가 아니라는 사실이다. 그러므로 지적이 난무하는 모임이 아니라 격려가 많은 모임이 되어야 한다.

앞에서 사십 대 초반의 젊은 순원이 암 판정을 받은 후 마음이 무너지는 순간에 부모도 있고 형제도 있고 가족들이 있는데, 왜 순장에게 전화를 해서 기도를 부탁했겠는가? 그동안 그 소그룹 모임 안에서 형님 같은 순장으로부터 많은 격려가 있었기 때문일 것이다. 이렇게 위로받고 싶을 때 가족을 찾는 것보다 공동체의 믿음의 식구들을 찾는 교회라면, 그런 교회가 어떻게 침체할 수 있고 현상유지적인 교회나 박물관 교회로 전락할 수 있겠는가?

마지막으로 한 가지 더 기억해야 할 것이 있다. 교회에서 얻을 수 있는 진짜 큰 위로와 격려는 참 위로자 되시는 예수 그리스도를 통해서 얻는 위로와 격려임을 기억해야 한다. 주님은 주님의 이름으로 모이는 모임에 함께 하신다. 이 사실을 기억하면서 사람을 통한 위로와 격려뿐만 아니라 주님이 주시는 위로와 격려를 사모해야 한다.

주님은 우리가 언성 히어로가 되기 원하신다

언젠가 뉴욕에 사는 조카의 배려로 브로드웨이 뮤지컬 '라이온 킹'을 관람한 적이 있다. 사실 뮤지컬을 보기 전에는 내 안에 '공연이 거기서 거기겠지, 뭐 다르겠어?'라는 거만한 마음이 있었다. 팔짱 끼고 공연을 보기 시작했는데 5분 만에 무장해제 되어 팔짱도 풀고 겸손한 자세로 감탄하며 공연을 보게 되었다.

'와, 뮤지컬이 이렇게 완벽할 수도 있구나!'

그야말로 감탄의 연속이었다. 그 극장에서 공연한 지가 벌써 22년째라고 하는데, 한 극장에서 오래 공연해서인지 무대와 출연자들과 조명과 음향과 악기와 노래가 완벽한 하모니를 이루었다. 처음부터 끝까지 이렇게 완벽한 공연을 본 적이 없다. 전율이 느껴졌다.

내가 이 공연에서 가장 감동했던 것은 단역을 맡은 배우들이었다. 대사 한마디 없는 이미지 단역들이 많이 출연했는데, 그들이 맡은 역할이 짧은 단역이고 맡은 순서가 짧다는 것이지, 무대에 서는 순간엔 모두가 주인공인 것처럼 최선을 다하는 모습을 볼 수 있었다. 출연자뿐 아니라 무대 아래 얼굴도 보이지 않는 곳에서 연주하는 연주자에 이르기까지, 모든 출연진이 자기 역할의 크고 작음에 관계없이 자부심을 가지고 무대에 섰다는 것이 느껴지면서 그것이 내게 너무나 큰 감동과 전율로 다가온 것이다. '명품 공연이 이런 거구나' 했다.

너무 감동이 되어 한국으로 돌아와서 우리 교회 젊은 목사들에게 이 이야기를 해주었다. 그러자 이 이야기를 들은 후배 목사 중 한 사람이 어느 여배우의 인터뷰 영상 하나를 보내주었다. 그 영상이 또 나를 감동시켰다.

지금은 유명한 배우지만, 맨 처음 영화에 출연할 당시 그녀 역시 대사 한 마디 없는 '이미지 단역'을 맡았다고 한다. 그녀가 맡았던 역할은 일본 왜장의 칼에 죽는 궁녀였다. 칼로 쓱 베면 그냥 쓰러지면 되는 역할이었다. 비중 있는 역할이 아니니 별생각 없이 촬영에 임했다. 그런데 촬영 중간에 감독이 불러 앉히더니 자기 눈을 보면서 연기 지도를 해주더라는 것이다.

"지금 왜놈이 왔지요? 그 장면이 굉장히 공포스러운 장면 아니겠습니까? 그 왜놈이 칼을 들이대지요? 어떠세요? 두렵지 않으세요?"

대사도 없는 무명의 배우에게 당시 유명한 감독으로 알려진 분이 지문 하나하나를 읽으면서 감정을 짚어주는데, 이런 감독의 성의에 초보 여배우가 너무 감동했다. 그러면서 그 여배우가 하는 말이 이랬다.

"그 명장 감독님이 몇 가지 짚어주던 그날이 나에게 연기의 새로운 장을 열어줬다. 짧게 지도를 받았지만 나는 그 감독님을 평생 스승님으로 생각하고 있다."

브로드웨이에서 뮤지컬 '라이온 킹'이 완벽한 작품이 될 수 있었던 것은 대사도 없는 이미지 단역조차 '내가 출연하는 시간이 짧을 뿐이지 내 존재가 단역이 아니다'라는 마음으로 임했기 때문이다. 마찬가지로 그 감독이 존경스러운 것은 아주 작은 단역을 맡은 배우조차도 맡은 역할의 비중이 작을 뿐이지 존재가 단역이 아니라는 사실을 일깨워줬기 때문 아니겠는가?

혹시 '언성 히어로'(Unsung Hero)라는 표현을 아는가? 사전에 찾아보면 '언성 히어로'는 '보이지 않는 영웅'이란 뜻이다. 남들 눈에 잘 띄지는 않지만 묵묵히 꼭 해야 할 일을 하는 사람, 이 사람이 언성 히어로다.

내가 말하고 싶은 포인트는 이것이다. 모이기를 힘써서 좋은 순장을 만나고 좋은 순원을 만나 서로서로 격려하고 세우는 일도 중요하지만, 거기에 보이지 않는 명장이 계시다는 것이다. 바로 예수 그리스도시다. 우리는 내버려두면 이미지 단역밖에 못 맡는 자신의 신세를 보고 초라한 생각을 갖기 쉬운 인생이다. 그러나 오늘도 명장 되시는 예수 그리스도는 우리를 늘 격려해주시고 지도해주시면서 우리가 언성 히어로가 되기를 원하신다.

"네가 역할은 사소할지 모르지만, 보이지 않는 영웅으로 살아라. 사람들은 너를 어떻게 평가할지 모르지만, 남들 눈에 잘 띄진 않지만, 묵묵히 꼭 해야 할 일을 하는 그런 사람으로 자리 잡기를 원한다"라고 말씀하신다.

나는 우리 교회에 교육전도사가 부임하면 그때마다 항상 이 이야기를 해준다.

"당신이 아직 학교에 다니느라 시간을 많이 못 내니까 시간의 파트타임이지, 존재의 파트가 아닌 걸 잊으면 안 된다. 당신의 인생 자체가 엑스트라라는 뜻이 아님을 꼭 기억해야 한다."

교회가 부흥하려면 담임목사 한 사람만 각성해서는 안 된다. 모두가 은혜 받아 각성해야 한다. 그래서 한 사람 한 사람이 모두 각자의 자리에서 '언성 히어로'로 서야 한다.

맡은 역할이 짧을 뿐 모두가 주인공인 것처럼 공연하여 명품 공연이 된 뮤지컬처럼, 우리 한 사람 한 사람이 명장 예수 그리스도의 지도 아래 언성 히어로로 각자의 자리에서 섬기게 된다면 그 공동체는 명품 공동체로 이어질 것이다.

주님이 기억하시고 주님이 갚아주신다

내가 미국에 처음 이민 갔을 때, 나는 언성 히어로가 되기를 원했다. 그때는 이런 용어도 몰랐지만 말이다. 그때 내 나이가 만 21세였는데, 주일 예배가 끝나면 방황하는 중고등부 아이들을 작은 차에 예닐곱 명씩 태워 햄버거 가게로 데리고 가서 얼마나 사 먹였는지 모른다. 경제적으로 가난했던 시절이었지만 애들 사 먹이는 돈은 아끼지 않았다.

그렇게 주일마다 아이들을 모아서 섬겼더니 하나님이 두 가지 은혜를 주셨다. 하나는 기쁨을 주신 것이다. 그 돈 쓰는 게 그렇게 행복했다. 나는 그때 당시 영어도 잘 못 했을 때라 영어권 아이들과 말도 잘 안 통했는데도 그저 행복했다. 나만 행복했던 것이 아니라 그 아이들도 너무나 행복해했다. 미국에 온 지 얼마 되지 않는데다 영어도 못 하는 볼품없는 나와의 만남을 아이들은 그렇게 기뻐하며 기다려주었다.

또 하나는 하나님이 갚아주신 것이다. 내가 교회에서 만난 청소년들에게 그 작은 섬김을 베풀었더니 하나님께서는 후에 나를 청소년 사역자로 세워주셨다. 청소년 사역 10년의 세월 동안 말로 다 표현할 수 없는 기쁨을 누리게 해 주셨다. 그 은혜는 지금까지 계속되고 있다. 오늘날 내가 교회에서 누리는 영광은 이루 말로 다 못 한다. 별로 한 것도 없는 나에게 하나님께서 갚아주신 은혜는 내 인생을 감격으로 가득 찬 인생이 되게 했다.

이제 우리 모두가 다 언성 히어로가 되기를 바란다. 누군가 한 사람에게만 맡겨두지 말고, 소그룹 구성원 모두가 각각 자신이 선 자리에서 정성을 다하며 모이기에 힘쓸 때, 함께 꿈을 꾸고 나누며 떡을 떼고 기뻐할 때, 우리의 교회 공동체는 날로 날로 성장해 가리라 믿는다. 우리가 속한 공동체가 시간이 갈수록 침체되는 것이 아니라 흐름을 거슬러 더욱 부흥하게 되리라 믿는다.

4
chapter

목마름으로 예배하는 교회

" 목마름을 자각하라,
그 목마름으로 예배하라 **"**

시편 63편 1-5절

¹ 하나님이여 주는 나의 하나님이시라 내가 간절히 주를 찾되 물이 없어 마르고 황폐한 땅에서 내 영혼이 주를 갈망하며 내 육체가 주를 앙모하나이다 ² 내가 주의 권능과 영광을 보기 위하여 이와 같이 성소에서 주를 바라보았나이다 ³ 주의 인자하심이 생명보다 나으므로 내 입술이 주를 찬양할 것이라 ⁴ 이러므로 나의 평생에 주를 송축하며 주의 이름으로 말미암아 나의 손을 들리이다 ⁵ 골수와 기름진 것을 먹음과 같이 나의 영혼이 만족할 것이라 나의 입이 기쁜 입술로 주를 찬송하되

분당우리교회를 개척하던 2002년도에 우리나라에서 월드컵이 개최되었다. 그때 성도들과 다 함께 모여서 우리나라 선수들을 응원했던 것이 추억으로 남아 있다.

　당시 우리나라 선수들의 목표는 16강에 진출하는 것이었다. 이루기 힘든 목표라고 생각했는데, 선수들이 그 꿈을 이루었다. 16강에 진출한 것만으로도 우리 모두는 행복했다. 축구를 별로 좋아하지 않는 사람들까지 "꿈은 이루어진다"라는 구호에 열광하며 기뻐하고 감사했다. 그런데 우리나라 축구팀이 16강에 진출하고 바로 다음 날, 당시 축구 국가대표팀 감독이었던 히딩크 감독이 이런 멋진 말을 했다.

　"I'm still hungry"(나는 여전히 배고프다).

　16강으로 만족하지 않겠다는 것이다. 그 이상의 것을 바라보고 있다는 것이다. 그런데 정말로 히딩크 감독의 배고픔과 목마름이 기적을 만들어냈다. 우리나라 축구팀이 월드컵 4강을 이뤄내리라고 누가 생각이나 했겠는가? 그 이후로 히딩크의 이 말이 엄청난 유행어가 됐다.

"I'm still hungry."

이와 비슷한 유행어가 또 있다. 미국의 스티브 잡스가 스탠퍼드대학교 졸업식 연설에서 했던 말이다.

"Stay hungry, stay foolish!"(언제나 갈망하라. 언제나 우직하라).

사전적으로 직역하면 '배고픈 상태로 머물러 있어라. 어리석은 상태로 머물러 있어라'이다. 이것을 조금 의역해서 설명하자면 이런 뜻이다.

"현실에 안주하지 말고 계속 갈망해야 된다. 교만해지지 말고 겸손하게 마음의 목마름을 가지고 나가야 한다."

내가 후배 목사들에게 가끔 하는 이야기가 있는데, 그것도 이와 비슷한 맥락이다.

"너무 빨리 포만감을 느끼지 마라. 작은 것을 이루었다고 그것에 만족하지 말고 계속 배고픔을 느껴야 한다."

그러면 그 권면을 들은 후배 목사들은 하나같이 비장해진다. 왜 이런 권면이 사람들의 공감을 얻는 것일까? 사람이 살아 있다는 것은 이런 갈망과 목마름이 있다는 뜻이고, 이런 갈망과 목마름이 있어야 성장할 수 있기 때문이다.

영혼의 굶주림을 느끼는가?

이것은 영적인 문제에서도 마찬가지이다. 요한복음 3장에 보면 예수님이 당시 유대인의 지도자였던 니고데모에게 이런 말씀을 하신다.

예수께서 대답하여 이르시되 진실로 진실로 네게 이르노니 사람이 거듭나지 아니하면 하나님의 나라를 볼 수 없느니라 요 3:3

니고데모는 예수님의 이 말씀이 무슨 뜻인지 알아듣지 못했지만, 오늘 우리는 다 안다. 거듭나는 게 무엇인가? 우리 인간은 동물과 달리 영혼이라는 게 있다. 범죄함으로 죽었던 영혼이 예수 그리스도의 십자가로 말미암아 살아났다. 이것이 거듭남이다.

그렇다면 상식적으로 생각해보자. 우리는 육신이 있기에 육신의 배고픔을 느낀다. 다이어트가 왜 그렇게 힘든가? 배고픈 것을 참기 힘들기 때문이다. 이처럼 우리에게 육신이 있기 때문에 배고픔을 못 견디는 감각이 있다면 영혼도 마찬가지 아니겠는가? 우리가 영혼이 있는 존재라면 영혼의 목마름을 느끼는 것이 정상이다.

그런데 오늘 우리가 사는 이 시대는 영혼의 목마름을 느끼기가 어려운 시대다. 육신의 갈증과 배고픔은 못 견뎌 하면서 영혼의 허기짐에 대해서는 둔감한 시대가 되어버렸다. 둔해도 너무 둔해져서 아예 영혼의 배고픔을 자각하지 못하는 상태에 이르렀다. 이것이 오늘 우리의 현실이다. 이런 둔감한 상태를 방치하면 안 된다.

예수님은 이와 관련해 이런 말씀을 하셨다.

명절 끝날 곧 큰 날에 예수께서 서서 외쳐 이르시되 누구든지 목마르거든 내게로 와서 마시라 요 7:37

여기 보니까 예수님이 초대하기 원하시는 대상이 있는데, 놀랍게도 그 대상은 목마른 자이다. 예수님은 영적으로 목마른 자를 초대하고 계신다. 영적으로 목마른 자를 초청하고 계시는 주님을 묵상하다 보니 시편 42편 1절 말씀이 떠올랐다.

> 하나님이여 사슴이 시냇물을 찾기에 갈급함같이 내 영혼이 주를 찾기에 갈급하니이다 시 42:1

하나님께서는 이런 영혼의 목마름을 가진 사람을 기뻐하신다. 이런 영혼의 목마름을 가진 자들을 초대하고 계신다. 이 사실을 기억하고 우리 모두는 영혼의 목마름을 갈망해야 한다.

하나님께 굶주린 삶

존 파이퍼 목사님이 쓴 《하나님께 굶주린 삶》이라는 제목의 책이 있다. 이 책은 금식에 관한 책이다. 이 책에서 저자가 강조하는 포인트는 다음과 같다.

"만일 우리에게 하나님의 영광이 나타나기를 갈구하는 마음이 없다면 그것은 우리가 실컷 마시고 배불러서가 아니라, 세상의 식탁에서 부스러기를 주워 먹은 지 너무 오래되었기 때문이다. 우리 영혼은 시시한 것들로 가득 차 있어서 위대한 것이 들어설 자리가 없다."

참 공감이 가는 내용이다. 우리가 아주 악한 짓을 저질러서 문제가 되는 경우는 많지 않다. 우리 내면이 악한 것들로 가득 차서 영적인 침체를 겪는 경우도 많지 않다. 하지만 존 파이퍼 목사님이 말한 것처럼, '우리 내면이 시시한 것들로 가득 차 있어서' 문제가 되는 경우는 생각보다 많다. 우리 내면이 시시한 것들로 가득 차 있어서 영혼의 목마름을 잊고 있는 상태라면 어떻게 하겠는가?

이런 차원에서 생각해보면 이 시대의 사탄의 전략이 무섭다. 이 시대 사탄은 우리 시대를 육적인 욕망과 소유욕으로 가득 차게 만들어서 영혼의 배고픔을 잊게 만드는 전략을 구사하고 있다. 어쩌면 노골적으로 악의 길을 걷게 하는 전략보다 이 전략이 더 무섭고 위험하다. 왜냐하면 방심하기 쉽기 때문이다.

현실적으로 사탄의 이 전략이 잘 먹히고 있는 것 같아서 마음이 아프다. 이런 시대를 살고 있는 우리이기에, 우리는 우리 내면이 시시한 것들로 가득 차 있지는 않은지 점검해야 한다. 그래야 우리 영혼의 목마름을 자각할 수 있기 때문이다.

현실의 목마름 속에서 영혼의 목마름을 자각하다

시편 63편은 다윗의 일생 중 가장 절망적인 순간에 쓴 시다. 아들 압살롬이 반란을 일으켰다. 권력에 눈이 어두워 아버지의 목에 칼을 들이대는 패륜이 일어난 것이다. 아버지 입장에서 이보다 더 절망적인 일은 없을 것이다. 이런 상황에서 쓴 시가 시편 63편이다. 그런데 시편 63편에서 내가 놀라는 것이 있다.

하나님이여 주는 나의 하나님이시라 내가 간절히 주를 찾되 물이 없어 마르고 황폐한 땅에서 내 영혼이 주를 갈망하며 내 육체가 주를 앙모하나이다 시 63:1

여기 나오는 '갈망하다'는 '목마르다'를 의미하고, '앙모하다'는 '힘을 다해 애타게 찾는다'라는 뜻이다. 생각해보라. 지금 아들이 쿠데타를 일으켜 쫓겨나 있는 상황이다. 그뿐만 아니라 다윗이 머물고 있는 곳은 광야이다. 화려한 왕궁에서 살다가 결핍투성이인 광야로 쫓겨난 상황이니 육신적인 목마름이 얼마나 컸겠는가? 그런데 다윗은 이런 결핍된 상황에서 자기 육신의 결핍이 아니라 영혼의 결핍으로 인한 목마름으로 주님을 갈망하며 애타게 찾는다고 말한다. 그 결핍이 많은 광야에서 육신의 결핍을 채워달라는 기도는 없고 온통 '하나님을 향한 목마름'을 노래하고 있는 것이다.

나는 이런 다윗의 모습이 놀랍다. 경이롭다. '물이 없어 마르고 황폐한 땅'에서 자신의 육신이 갈증으로 허덕이는 것처럼 자기 영혼이 하나님을 향한 목마름을 느끼며 힘을 다해 하나님을 찾고 있는 다윗의 모습, 이런 다윗의 모습을 추구해야 한다.

영혼의 목마름을 자각할 때 해갈의 은혜가 있다

이처럼 다윗은 육신적으로 극한 결핍과 두려움의 상황에서도 자신의 육적인 목마름과 결핍의 문제를 하소연하지 않고 오직 하나님을 향한 목마름을 채워달라고 기도하는데, 중요한 것은 이런 다윗이 누리는 응답의 기쁨이다. 시편 63편에서 다윗이 누리는 기쁨이 무엇인지 보라.

주의 인자하심이 생명보다 나으므로 내 입술이 주를 찬양할 것이라 이러므로 나의 평생에 주를 송축하며 주의 이름으로 말미암아 나의 손을 들리이다 골수와 기름진 것을 먹음과 같이 나의 영혼이 만족할 것이라 나의 입이 기쁜 입술로 주를 찬송하되 시 63:3-5

만약에 다윗이 광야에서 육신적인 갈증만 불편해하면서, 그 문제만을 해결해달라고 떼를 쓰는 사람이었다면 다윗은 하나님을 향하여 끊임없는 원망과 불평을 터뜨리는 사람이 되었을 것이다. 그리고 자신이 터뜨리는 원망과 불평으로 인해 더욱 불행한 사람이 되었을 것이다. 그러나 다윗은 그런 불행한 길을 택하지 않았다. 다윗은 육신의 결핍과 목마름에 대한 해갈보다도 하나님을 향한 영혼의 목마름의 문제를 구했고, 그 결과 결핍이 많은 광야에서도 "주의 인자하심이 생명보다 나으므로 내 입술이 주를 찬양할 것이라"라고 노래할 수 있었다. "골수와 기름진 것을 먹음과 같이 나의 영혼이 만족할 것이라"라고 고백할 수 있었다.

5절의 '골수'와 '기름진 것'은 거의 같은 뜻을 가진 단어인데 중의적으로 사용함으로써 강조하고 있는 표현이다. 왕궁에서 그가 누리던 산해진미를 한마디로 요약하면 '골수와 기름진 것'이다. 그런데 현실적으로 왕궁에서 누리던 산해진미가 전혀 없는 메마른 광야에서도 다윗은 "골수와 기름진 것을 먹음과 같이 나의 영혼이 만족할 것"이라고 고백하고 있는 것이다.

사도 바울이 빌립보서 4장 11,12절에서 했던 고백을 들어보라.

> 내가 궁핍하므로 말하는 것이 아니라 어떠한 형편에든지 나는 자족하기를 배웠노니 나는 비천에 처할 줄도 알고 풍부에 처할 줄도 알아 모든 일 곧 배부름과 배고픔과 풍부와 궁핍에도 처할 줄 아는 일체의 비결을 배웠노라 **빌 4:11,12**

메마른 광야에 던져진 다윗이었지만, 지금 다윗은 빌립보서 4장에서 말하는 '어떠한 형편에든지 나는 자족하기를 배웠다'라는 말씀을 완벽하게 구현해내고 있었다. 이것이 영혼의 목마름을 가지고 하나님께 부르짖는 사람이 누리는 복이다.

육체적인 결핍의 문제만 가지고 부르짖는 사람은 육체적인 결핍이 해결되기 전까지는 절대 행복할 수 없다. 그러나 다윗처럼 자신의 육신의 결핍보다도 하나님을 향한 영혼의 목마름을 주님 앞에 가지고 나아갈 때, 하나님께서는 그 내면의 목마름을 해갈시켜주시고 그로 인해 상황과 환경을 뛰어넘는 자족을 허락해 주시는 것이다. 나는 '인생은 상황이 아니라 해석'이라는 얘기를 자주 하는데, 인생은 자기에게 주어진 상황을 어떻게 받아들이느냐에 따라 행복과 불행이 결정된다는 의미이다. 내면의 목마름이 해갈될 때 비로소 내 앞에 펼쳐진 상황을 제대로 해석해낼 힘이 생긴다.

영혼의 갈증은 다른 것으로 해결이 안 된다

갓 태어난 아기의 가장 절실한 문제는 배고픔이다. 그렇기 때문에 배가 고파 우는 아기는 다른 어떤 것으로도 울음을 그치게 할 수 없다. 지금 아기가 어떤 문제로 우는지를 잘 파악하는 엄마가 베테랑 엄마다.

초보 엄마들은 아기가 울 때 이것을 구별하는 일이 힘들다. 아기가 지금 배가 고파서 우는데 '아기가 심심한가?' 하며 안 그래도 배고픈 아기에게 장난감을 들고 흔든다. 그런데 아기를 여럿 키워본 엄마들은 아기의 울음소리만 듣고도 기가 막히게 아기의 필요를 알아챈다.

내 아내도 세 아이를 키웠는데, 셋째를 키울 때는 우는 소리만 듣고도 그 아기가 지금 무슨 결핍으로 우는지를 정확하게 알아냈다. 처음엔 '우연히 맞았겠지' 했는데 아니었다. 그 아기의 울음이 어떤 결핍 때문인지를 정확하게 알아야 그 아기의 울음을 그치게 할 수 있다.

우리의 영혼도 마찬가지이다. 지금 자기 '영혼'이 배고프고 목말라 갈증을 느끼는데, 그 원인을 '육신적인 결핍'에서 찾는 경우가 많다. 지금 마음이 자꾸 허전하고 우울해지는 것은 영혼이 목말라서 그런 것이다. 그런데 대부분의 사람들은 영혼의 갈증을 눈치채지 못한다.

영혼의 갈증을 육신의 갈증으로 오해하여 엉뚱한 진단을 내린다. '명품 가방을 못 샀더니 가슴이 텅 빈 것 같구나' 하면서 백화점 가서 가방 사고 카드를 긁는다.

허전하고 외로울 때 쇼핑하니까 영혼의 목마름이 해갈되던가? 명품 가방을 사니 영혼이 갑자기 풍성해지던가? 아니다. 배고픈 아기에게 장난감 흔들어서 문제를 해결할 수 없는 것과 같다.

우리 영혼이 목마름으로 고통할 때는 하나님을 찾아야 할 때인 것이다. 허전하고 외롭다고 동창들에게 전화하고 만나서 하소연한다고 영혼의 목마름이 해갈되지 않는다. 영혼의 목마름은 하나님을 찾아야 해갈되는 목마름이다.

우리가 사는 이 시대는 영적인 공격이 너무나 거세다 보니 영혼의 목마름에 대한 감각이 마비되었다. 느끼지 못하니 원인을 못 찾고 엉뚱한 데서 헤매는 것이다. 영혼의 목마름을 자꾸 육신의 배부름으로 채워야 한다고 유혹한다. 이런 현실이다 보니 영혼의 목마름을 잘 인지하지 못하는 '영적인 둔감증'에 빠져버렸다.

이 문제와 관련하여 우리가 회복해야 할 것이 두 가지가 있다.

하나님을 향한 목마름을 회복하라

첫째, 다른 어떤 것보다도, '하나님을 향한 목마름'을 회복해야 한다.

마태복음 5장에서 예수님이 팔복을 가르쳐주시는데, 그중 하나가 이것이다.

의에 주리고 목마른 자는 복이 있나니 그들이 배부를 것임이요 ^{마 5:6}

"의에 주리고 목마른 자" 다시 말해서 의에 대해 갈급한 사모함이 있는 사람은 그 문제를 해결 받을 수 있다는 것이다. 영혼의 목마름은 명품 가방으로 해결되는 것이 아니라 하나님에 의해 채워지는 것이다. 영혼의 목마름은 다른 것으로 해결이 안 된다.

다윗의 시편에서 가장 유명한 것 중에 하나가 시편 23편이다.

여호와는 나의 목자시니 내게 부족함이 없으리로다 ^{시 23:1}

대부분의 학자들이 시편 23편은 다윗의 인생 후반에 쓰인 시라고 분석한다. 사울 왕에게 쫓겨 죽을 위기에 처하기도 하고 적들에게 쫓겨 다니기도 하며 인생의 쓴맛, 단맛 다 겪어본 후에 쓴 시라는 것이다. 그럼에도 불구하고 다윗은 자기 인생을 돌아보니 '내게 부족함이 없었다'라고 고백한다.

결핍이 많은 삶을 산 다윗이 어떻게 이런 고백을 할 수 있었을까? 이 질문에 대해 다윗 스스로가 답한다. 하나님께서 자신을 인도해주시는 목자가 되어주셨기 때문이라는 것이다. 이것을 다른 말로 하면 '하나님과의 관계 속에서 주시는 풍성한 은혜'를 누리고 살았기 때문에 자신은 결핍이나 고갈이 없었다는 것이다. 결핍이나 고갈을 느끼는 순간이 있었다 하더라도 금방 금방 회복이 되는 것을 경험하며 살았다는 것이다.

시편 63편에서도 다윗은 부족한 게 없었다. 영혼의 배고픔을 자각하고, 영혼의 배고픔을 자각하는 것으로 주님을 찾는 그에게 해갈의 기쁨이 있다 보니, 일시적으로는 불편했을지 몰라도 마음이 충족된 것이다.

이 사실을 기억한다면 우리도 갈급한 마음으로 하나님과의 관계 회복을 구해야 한다. 그리고 하나님과의 바른 관계가 가져다주는 해갈의 기쁨을 누려야 한다. 이 일이 가능하기 위해서는 무엇보다도 자신이 지금 영적으로 굶주려 있는 상태임을 자각해야 한다.

> 오호라 너희 모든 목마른 자들아 물로 나아오라 돈 없는 자도 오라 너희는 와서 사 먹되 돈 없이, 값없이 와서 포도주와 젖을 사라 사 55:1

하나님을 향한 영혼의 목마름을 자각하는 자만이 해갈의 기쁨을 얻을 수 있다.

그 목마름을 가지고 예배의 자리로 나아가라

둘째, 하나님을 향한 목마름을 자각하고 회복했으면, 그 목마름을 가지고 '예배의 자리'로 나아가야 한다.

시편 63편 1,2절을 다시 보자.

하나님이여 주는 나의 하나님이시라 내가 간절히 주를 찾되 물이 없어 마르고 황폐한 땅에서 내 영혼이 주를 갈망하며 내 육체가 주를 앙모하나이다 내가 주의 권능과 영광을 보기 위하여 이와 같이 성소에서 주를 바라보았나이다 시 63:1,2

여기 나오는 '성소'는 히브리어로 '코데쉬'라는 단어이다. 성경에 '코데쉬'라는 단어가 제일 먼저 나오는 곳은 출애굽기 3장 5절이다.

하나님이 이르시되 이리로 가까이 오지 말라 네가 선 곳은 거룩한 땅이니 네 발에서 신을 벗으라 출 3:5

여기 나오는 '거룩한 땅'이 '코데쉬'이다. 지금 모세가 선 그 메마른 광야가 어떻게 '거룩한 땅'이 되었는가? 그곳에 하나님의 임재가 나타났기 때문이다.

시편 63편에서 다윗은 자기 아들의 반란으로 쫓겨나다시피 광야로 갔는데, 그곳을 '코데쉬'라고 한다. 그곳이 거룩한 땅이라는 것이다. 이것이 뭘 의미하는가? 비록 그곳이 비참한 광야이지만, 그곳에서 다윗이 하나님의 임재를 경험하니까 그 비참한 광야가 거룩한 땅 성소가 되더라는 것이다.

기억하라! 하나님의 임재가 나타나는 그곳이 곧 거룩한 땅이다.

나는 이 말씀을 붙들고 성도들을 위해 기도한다. 다윗이 경험한 광야와 같이 힘든 현장을 살아가는 성도들이 그 삶의 현장에서 하나님의 임재를 경험하게 되길 바란다. 그리고 그 일이 가능하도록 영혼의 목마름이 회복되길 바란다. 그래서 그 어려운 삶의 현장이 '코데쉬'가 되기를 간절히 기도한다.

교회의 부흥도 마찬가지이다. 영혼의 갈증을 자각한 성도들이 모여서 예배드릴 때, 그래서 그곳에 하나님의 임재가 나타나고 그 하나님의 임재 속에서 역사가 일어날 때 진정한 부흥과 회복이 일어난다.

우리 교회 소그룹인 다락방에서 있었던 일이다. 어떤 순장이 맡고 있는 다락방의 구성원들이 너무나 다양한 문제들로 어려움을 겪고 있었다. 이 성도는 이런 문제로 아프고, 저 성도는 저런 문제로 괴롭고, 또 다른 사람은 영적인 무기력으로 힘들어했다. 순장 입장에서 어떻게 손을 써야 할지 난감한 상황이었다. 그런데 이런 상황에 놓여 있던 다락방 순장이 참 지혜로운 분이다. 순원들을 다 데리고 금요기도회에 참석한 것이다. 지금 순원들이 가진 다양한 문제들을 순장 자신이 풀어주려고 애쓴 것이 아니라 그 문제를 가지고 하나님께 나아가기를 촉구한 것이다.

"그것은 영혼의 목마름입니다. 그 영혼의 목마름을 가지고 하나님 앞에 나아가 부르짖어야 합니다."

이렇게 순장의 강권으로 금요기도회에 참석한 순원들이 기도 중에 중요한 사실을 깨닫게 되었다.

'내가 가진 문제는 단지 육신의 문제가 아니라 영적인 문제였구나.'

이 사실을 깨달은 순원들이 스스로 기도의 자리로 나아가기 시작했다. 그리고 그 과정에서 하나님께 부르짖어 기도하는 것이 얼마나 놀라운 힘이 되고 능력이 되는지를 경험했다.

그 후부터는 순장이 권면하기도 전에 순원들이 나서서 "이럴 때일수록 우리가 기도해야 합니다"라고 하며 기도회에 참석해야 한다고 오히려 순장을 채근하기 시작했다고 한다. 이 이야기를 듣고 안심이 되었다. 이처럼 깨어 있는 순장이 지도자로 서 있고, 그 순장의 지도 아래 순원들이 함께 깨닫고 성장해가는 소그룹이라면 그 다락방은 참으로 건강하다.

교회도 마찬가지다. 구성원인 성도 한 사람 한 사람이 이처럼 영혼의 목마름을 자각해 가는 교회라면, 그런 교회는 결코 박물관 교회로 전락하지 않을 것이다. 그러니 우리는 모두 다 하나님 앞에서 이 목마름을 자각하고 회복해야 한다. 그 목마름을 가지고 예배의 자리로 나아가서 하나님이 부어주시는 임재와 은혜를 경험해야 한다. 그럴 때 우리의 삶이 새로운 도약을 하게 될 것이다.

목마름을 어떻게 다룰 것인가

미국 LA에 살면서 활동하고 계신 목사이자 학자인 이상훈 교수님의 칼럼을 본 적이 있다. 이분이 가족과 함께 샌프란시스코로 여행을 갔다. 칼럼에 따르면 교수님은 그곳에서 두 가지 모습을 보게 되었다고 한다.

한 가지 모습은 도시의 중심지에 있는 유니언 스퀘어(Union Square)에 갔을 때 보게 되었는데, 유니언 스퀘어는 고급 백화점과 고급 부티크가 결합되어 있어서 패션 천국이라고 불리는 곳이다. 그곳에는 루이 비통, 샤넬, 버버리 등 온갖 명품 숍들이 모여 있다고 한다. 화려한 그 모습에 흥분도 잠시, 차를 세우기 위해 찾아간 뒷골목에서 도시의 민낯을 보았다고 한다. 도시의 화려한 앞면은 고급 부티크, 명품 숍들이 즐비한데, 뒷골목에는 그 도시의 그림자가 드리워 있었다. 마리화나 냄새, 초점 없는 눈동자로 지나가는 행인들, 스산한 기운들이 골목 사이에 가득했다. 그 모습을 본 이 교수님은 너무 마음이 아팠다고 한다.

그런가 하면 교수님이 샌프란시스코에서 본 다른 한 가지 모습이 있다. 샌프란시스코에 찬양과 예배가 뜨겁기로 유명한 교회가 있어서 그곳에 예배를 드리러 갔는데, 예배당 가득 모인 성도들이 얼마나 열정적으로 찬양하고 뜨겁게 예배하는지, 점점 더 깊어지는 예배에 경이로움을 느꼈다고 한다. 이 두 가지 대조적인 모습을 보면서 그 교수님은 칼럼에서 이런 글을 쓰셨다.

"과연 무엇이 그들을 이렇게 갈급하게 만들었을까? 그 속에서 나는 이 시대의 목마름을 보았다. 격하게 반응하는 회중의 모습은 그 교회의 유명세 때문도 화려한 음악 때문도 아니었다. 그들이 목마르기 때문에, 그 목마름을 채움 받기 위한 간절함이 표현되고 있었다. 순간, 샌프란시스코의 뒷골목이 떠올랐다. 그곳을 가득 메우고 있었던 거리의 사람들. 가난과 상처로 발생한 공허함을 술과 마약으로 채우고 있었던 그들의 모습과 오늘 이렇게 정갈하게 잘 차려입은 우리들의 모습과 어떤 차이가 있을까. 결국, 이곳에 있는 우리들 역시 내면의 결핍과 아픔을 가지고 와 있는 것은 아닌가! 오늘 우리의 교회는 이러한 영적 갈급함을 채워주고 있는가? 철창 같은 회색 도시에서 매일 생존을 위해 땀 흘려 살아가는 현대인들의 아픔을 교회는 알고 있을까? 겉으로 보이는 역동성과 활기 뒤에 감추어진 외로움과 목마름을 우리는 알고 있는가?"

(이상훈, 더 미션, 미래교회 리포트)

이 교수님은 너무나 다른 두 모습을 목도했지만, 그 다른 두 모습에서 공통점을 찾아냈다. 뒷골목에서 술과 마약에 찌들어 퀭한 눈으로 보고 있던 자들의 모습도 그들의 목마름으로 인한 것이고, 교회에 나와서 두 손을 들고 뜨겁게 주님을 찬양하고 예배하는 그들도 목마름으로 시작됐다는 것이다.

그런데 한쪽은 그 목마름을 육신의 문제로 해결하려고 마약을 하고 술을 찾으며 점점 더 황폐해져 갔다. 반면, 그것을 영혼의 목마름으로 인식한 하나님의 사람들은 오히려 뜨겁게 하나님을 찬양하고 하나님의 임재로 가득한 예배를 통해 그 결핍을 믿음으로 승화시켰다.

우리는 지금 우리의 목마름을 어떻게 승화시켜가고 있는가? 혹시 우리는 우리의 목마름을 점점 더 심화시키는 쪽으로 스스로를 몰고 가고 있지는 않은가? 이런 비극을 막기 위해 해야 할 일이 있다. 바로 우리 영혼의 목마름을 자각해야 하는 것이다. 영혼의 결핍을 자각하지 못한 채로 방치하면 안 된다. 내 안의 허무함과 공허함이 영혼의 문제임을 자각해야 한다. 환경이 문제가 아니다. 상황이 문제가 아니다. 영혼의 목마름 때문이다.

동시에 영혼의 목마름을 자각했으면 예배의 자리로 나가야 한다. 다른 것으로는 해결되지 않는다. 그 갈급함으로 뜨겁게 하나님께 간구하는 것, 그래서 하나님의 임재를 경험하고 하나님의 충만케 하심을 경험하는 것이 영혼의 갈급함을 해갈하고 참된 충만과 만족을 누리는 유일한 길이다.

그 길을 우리가 걷자. 그 길을 우리가 만들자. 영혼의 갈급함을 외면하고 방치한 채 습관적으로만 예배드리다가는 점점 영혼이 병들어가고, 교회는 현상유지하는 교회가 되었다가 결국 생명력을 잃은 박물관 교회로 전락할 것이다. 하나님의 임재 가운데서 회복을 경험하자. 영적인 갈급함을 가지고 하나님 앞에 모여 예배자로 설 때 이러한 회복이 우리 모두에게 있을 줄 믿는다.

5
chapter

대안 4

열매 맺는 교회

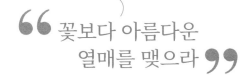

" 꽃보다 아름다운
열매를 맺으라 "

요한복음 15장 1-8절

¹ 나는 참포도나무요 내 아버지는 농부라 ² 무릇 내게 붙어 있어 열매를 맺지 아니하는 가지는 아버지께서 그것을 제거해 버리시고 무릇 열매를 맺는 가지는 더 열매를 맺게 하려 하여 그것을 깨끗하게 하시느니라 ³ 너희는 내가 일러준 말로 이미 깨끗하여졌으니 ⁴ 내 안에 거하라 나도 너희 안에 거하리라 가지가 포도나무에 붙어 있지 아니하면 스스로 열매를 맺을 수 없음같이 너희도 내 안에 있지 아니하면 그러하리라 ⁵ 나는 포도나무요 너희는 가지라 그가 내 안에, 내가 그 안에 거하면 사람이 열매를 많이 맺나니 나를 떠나서는 너희가 아무것도 할 수 없음이라 ⁶ 사람이 내 안에 거하지 아니하면 가지처럼 밖에 버려져 마르나니 사람들이 그것을 모아다가 불에 던져 사르느니라 ⁷ 너희가 내 안에 거하고 내 말이 너희 안에 거하면 무엇이든지 원하는 대로 구하라 그리하면 이루리라 ⁸ 너희가 열매를 많이 맺으면 내 아버지께서 영광을 받으실 것이요 너희는 내 제자가 되리라

우리 인생을 여러 갈래로 나누어 설명할 수 있는데, 나는 인생을 화려한 꽃 피우기를 목표로 하는 인생과 열매 맺기를 목표로 하는 인생, 이렇게 두 종류로 나누어서 분류하기를 좋아한다.

　여기서 말하는 화려한 꽃 피우기란 '겉으로 드러나는 것에만 집중하는 태도'를 말하는데, 예수님은 이런 태도를 가진 사람을 기뻐하지 않으신다. 예수 믿는 우리는 나 자신을 화려하게 드러내고 꽃피우기 위해 사는 인생이 아니라 열매 맺는 인생이 되어야 하기 때문이다.

　이렇게 말할 수 있는 근거를 성경 여러 군데에서 찾아볼 수 있는데, 예수님이 직접 본을 보이신 마태복음 4장에서도 찾아볼 수 있다.

'꽃을 피우라'는 사탄의 유혹

　마태복음 4장을 보면 사탄이 예수님을 유혹하는 장면이 나온다. 사탄은 예수님께서 공적인 사역을 시작하시는 바로 그때, 세 가지로 유혹했다. 그중 하나가 마태복음 4장 5,6절에 나와 있다.

이에 마귀가 예수를 거룩한 성으로 데려다가 성전 꼭대기에 세우고 이르되 네가 만일 하나님의 아들이어든 뛰어내리라 기록되었으되 그가 너를 위하여 그의 사자들을 명하시리니 그들이 손으로 너를 받들어 발이 돌에 부딪치지 않게 하리로다 하였느니라 마 4:5,6

마귀는 왜 예수님이 공적인 사역을 시작하시려는 이 시점에 이런 유혹을 던졌을까? 한 마디로 '당신을 꽃피우라'는 것이다. 높은 성전에서 뛰어내려서 천사들이 당신을 엄호하고 보호하는 놀라운 장면을 보여주라는 것이다.

사실 이것은 예수님에겐 쉬운 일이었다. 게다가 그것이 죄도 아니지 않은가? 주님은 당연히 높임을 받으시기에 합당하시고, 그럴 힘과 능력도 갖고 계시기 때문에 그 자체만 놓고 보면 타당한 제안이라 할 수 있다.

하지만 예수님은 그 마귀의 유혹을 단호하게 거절하셨다. 예수님은 이 제안을 왜 그토록 단호하게 거절하셨을까?

이런 유혹을 하는 마귀의 의도를 알고 계셨기 때문이다. 그리고 예수님은 마귀가 유혹하는 '자신을 꽃피우는 삶'과는 다른 삶을 추구하시기 위해 이 땅에 오셨기 때문이다.

열매를 맺기 위해 오신 예수님

예수님이 왜 당신을 화려하게 드러내고 꽃피우라는 마귀의 유혹을 단호하게 거절하셨는지, 그 이유를 나는 요한복음 12장 24절에서 찾았다. 주님은 이렇게 말씀하신다.

> 내가 진실로 진실로 너희에게 이르노니 한 알의 밀이 땅에 떨어져 죽지 아니하면 한 알 그대로 있고 죽으면 많은 열매를 맺느니라 요 12:24

이 말씀은 이 땅에 오신 예수 그리스도의 삶을 한마디로 요약한 핵심 구절이다. 주님은 그분의 화려함을 자랑하거나 엄청난 능력을 베푸는 것으로 주목받기 위해 이 땅에 오신 것이 아니라고 말씀하고 계신다.

"죽으면 많은 열매를 맺느니라."

예수님은 열매를 맺으러 오셨다고 말씀하신다. 예수님은 이런 목표를 가지고 이 땅에 오셨다고 분명히 말씀하셨다. 그렇다면 그 주님을 따르는 제자들인 우리는 이 땅에서 어떤 인생의 목표를 가져야 하는지 답이 나오지 않는가?

꽃피우는 삶의 허무 vs 열매 맺는 삶의 아름다움

사실, 세상 사람들도 자기를 꽃피우는 데 목적을 둔 삶이 얼마나 허무한지 다 안다. '화무십일홍 권불십년'(花無十日紅 權不十年)이란 말이 있다. 아무리 아름다운 꽃도 열흘을 넘기지 못하고, 아무리 막강한 권력도 십 년을 넘기지 못한다는 뜻이다. 또 '화무십일홍 인불백

일호'(花無十日紅 人不百日好)라는 말도 있다. 아무리 붉은 꽃도 열흘을 넘기지 못하고 아무리 좋고 대단한 사람도 백 일을 넘기지 못한다는 말이다. 이게 다 꽃피우는 삶의 허망함을 얘기하는 것 아닌가?

이 사실을 뻔히 다 알고도 화려한 꽃피우는 일에 급급한 사람들이 얼마나 많은가? 열매 맺는 삶으로 인도하시는 주님이 아니었다면 우리 삶의 끝은 참으로 허무할 것이다. 젊음이 아무리 좋고 화려한들, 안 늙는 사람은 없다. 우리가 삶을 꽃피우는 데만 목표를 둔다면 나이가 들어갈수록 비참해질 뿐이다. '꽃이 지고 있네, 꽃이 시들어가네'라는 표현들이 그 비참함을 부추긴다.

우리나라에서는 특히 노년의 삶을 허무하게 보는 것 같다. 나이가 들어갈수록 나이 드는 것을 감추려고 많은 돈과 노력을 기울인다. 그러나 아무리 꽃이 지는 것을 막고자 해도 꽃은 지기 마련이다.

그러나 우리의 인생을 열매 맺는 데 초점을 맞춘다면, 노년의 삶도 아름답고 풍성해질 수 있다. 주변에 보면 나이가 드실수록 더욱 아름다운 열매 맺는 삶을 사시는 어른들이 많음을 알 수 있다.

성경에도 노인들의 백발이 면류관이며 아름다움이라고 하는 표현이 있지 않은가? 그러므로 나이가 들수록 아름다운 인생이 되기 위해서는 열매 맺는 것을 우리 삶의 목표로 삼아야 한다.

이것은 교회도 마찬가지다. '건강한 교회'는 화려한 겉모습과 화려한 프로그램을 많이 만드는 교회가 아니라, 내실 있는 열매를 많이 맺는 교회라는 사실을 기억해야 한다.

본문에서도 이것을 강조한다. 요한복음 15장 1-8절 말씀을 보면

8절에서 주님은 결론적으로 이렇게 말씀하신다.

> 너희가 열매를 많이 맺으면 내 아버지께서 영광을 받으실 것이요 너희는 내 제자가 되리라 요 15:8

우리가 이것을 목표로 삼는다면, 시간이 갈수록 더 성숙해지고 열매가 더 많이 더 풍성하게 맺히지 않겠는가? 이것이 우리 삶의 목표가 되길 바란다.

이런 꿈을 가지고 우리가 우리의 남은 인생을 엉뚱한 데서 낭비하지 않길 바란다. 엉뚱한 길에서 헤매지 말고 하나님이 기뻐하시는 열매를 많이 맺는 인생이 되기를 바란다.

주님 안에 거하는 자가 열매를 맺는다

우리에게 이런 꿈이 있다면 꼭 기억해야 할 한 가지가 있다. 본문을 보면 주님께서 수없이 반복하시는 한 마디가 있는데, '내 안에 거하라'는 말씀이다.

왜 그래야 하는가? 그래야 열매를 맺을 수 있기 때문이라고 하신다.

> 내 안에 거하라 나도 너희 안에 거하리라 가지가 포도나무에 붙어 있지 아니하면 스스로 열매를 맺을 수 없음같이 너희도 내 안에 있지

아니하면 그러하리라 나는 포도나무요 너희는 가지라 그가 내 안에,
내가 그 안에 거하면 사람이 열매를 많이 맺나니 나를 떠나서는 너희
가 아무것도 할 수 없음이라 요 15:4,5

멋진 열매를 맺기 위한 절대 조건은 그 일을 위한 나의 결단과 각
성이 아니라 주님과 친밀감을 회복하는 일이 우선 되어야 한다는 것
이다.

그렇다면 여기서 한 가지. 우리가 주님 안에 거하고 있는지의 여부
를 어떻게 아는가? 나는 7절에서 이 질문에 대한 힌트를 얻는다.

너희가 내 안에 거하고 내 말이 너희 안에 거하면 요 15:7

여기 보면 "내 말이 너희 안에 거하면"이라는 표현을 통해, 우리가
주님 안에 거하는 것은 주님의 말씀이 우리 안에 거하는 것이며, 우리
가 주님의 말씀에 영향을 받는 것임을 알 수 있다.

이 책을 시작하면서, 시간이 흐를수록 신앙이 퇴보하고 교회가 쇠
퇴하지 않으려면 말씀을 묵상해야 한다고 강조한 바 있다. 이 사실
을 잊으면 안 된다. 내 삶에 매일매일 말씀이 공급될 때 우리의 가치
관이 바뀐다. 꽃의 화려함만 좇던 사람이 말씀의 영향을 받을 때 열
매의 풍성함을 목표로 삼게 된다.

꽃을 피우는 데만 집중하는 사람은 꽃이 조금만 시들어도 상실감
을 느낀다. 그러니 그들은 나이 들고 늙어가는 것이 못 견디게 우울

한 것이다. 나는 나이 들어가는 내가 좋다. 이는 과장이 아니다. 나는 시간이 갈수록 열매 맺는 삶의 소중함을 깨달아가고 있다.

나이 들어가는 것이 슬픔이나 허무가 아니라 이렇게 좋을 수 있다는 것을 예수 잘 믿으면 알게 된다. 나이 들수록 점점 더 아름다운 열매를 맺어가고 점점 더 풍성해지는 은혜를 누리는 것이 기대가 된다.

그러니 이 일이 가능하도록 우리는 주님 안에 거해야 한다. 주님의 말씀이 우리에게 영향을 미치게 해야 한다. 사탄이 온갖 쓸데없는 세상의 소리를 확성기를 통해 떠들어대는 시대이기에 더욱 말씀이 우리 안에 거해야 한다.

이렇게 말씀이 우리 안에 거하고, 또 주님과 우리가 연합하여 친밀함이 이루어지면 반드시 열매를 맺게 되어 있다. 아름답고 다양한, 그야말로 풍성한 열매를 맺게 된다.

우리가 주님과 친밀함을 유지할 때 맺는 다양한 열매들을 크게 두 가지로 나누어 정리해보았다.

성품의 열매를 맺는다

첫째로, 주님과의 친밀감을 통해 얻을 수 있는 첫 번째 열매는 '인격적인 성숙의 열매'이다.

성경에는 열매와 관련된 말씀이 많이 나오는데, 우리가 잘 아는 갈라디아서 5장 22,23절은 성령의 열매를 열거해 놓은 말씀이다.

> 오직 성령의 열매는 사랑과 희락과 화평과 오래 참음과 자비와 양선
> 과 충성과 온유와 절제니 갈 5:22,23

열거된 성령의 아홉 가지 열매를 보면, 다 인격적인 성숙이다. 기능적인 열매는 없다. 그렇기 때문에 예수 믿는 우리가 가져야 할 가장 큰 삶의 목표는 그리스도를 닮아가는 것이어야 한다.

> 오직 사랑 안에서 참된 것을 하여 범사에 그에게까지 자랄지라 그는
> 머리니 곧 그리스도라 엡 4:15

에베소서 5장 8절에도 보면 "너희가 전에는 어둠이더니"라고 한다. 주님을 알기 전에는 혼미한 인생이었다는 것이다. 그러면서 "이제는 주 안에서 빛이라 빛의 자녀들처럼 행하라"라고 한다. 그리고 이어서 구체적인 예시를 드는 것이 9절 말씀이다.

> 빛의 열매는 모든 착함과 의로움과 진실함에 있느니라 엡 5:9

착함과 의로움과 진실함, 다 인격적으로 성숙해지는 것을 말하는 것 아닌가? 나는 요즘 '선량함'이라는 단어 묵상을 많이 한다.

성경에는 선량한 사람이 많이 등장하는데, 그 대표적인 사람이 요셉이다. 요셉은 예수님께서 이 땅에 오실 때 예수님의 육신의 아버지 역할을 맡았던 인물인데, 하나님은 요셉의 어떤 점을 귀히 보시고 이

런 놀라운 역할을 맡기셨을까? 여러 가지가 있었겠지만, 그중에서도 나는 '요셉의 선량한 모습' 때문이지 않았을까 짐작해 본다. 요셉의 입장에서 사랑하는 약혼자 마리아가 다른 남자의 아이를 가졌다고 오해할 수밖에 없는 상황에서 그가 보여준 선량함을 보라.

"그를 드러내지 아니하고 가만히 끊고자 하여"(마 1:19).

배신감으로 치를 떨 수밖에 없는 상황에서 '내가 반드시 복수할 것이다' 같은 반응이 아니라 조용히 정리하고 물러서려고 했던 요셉의 모습에 감동을 받는다. 이것이 선량한 사람의 모습이다. 예수 믿는 우리는 이런 요셉의 모습을 본받아야 한다. 하나님은 선량한 사람을 기뻐하신다. 감사하게도 우리 교회 교역자들 중에는 선량한 사람이 많다. 나는 그런 사람에게 마음이 가고, 그런 사람을 도와주고 싶어진다.

하나님은 우리에게 어떤 엄청난 열매 맺는 것을 요구하지 않으신다.

"모든 착함과 의로움과 진실함."

나는 예수 믿는 우리가 주님과의 인격적인 교제를 통해 시간이 갈수록 선량해지기를 바란다. 남을 속여서라도 어떻게든 이득을 취하겠다는 악한 시대를 살아가는 우리이지만, 그럼에도 우리는 "착함과 의로움과 진실함"의 열매를 맺어야 한다.

나는 우리가 다 화려하게 자기를 꽃피우려는 어리석은 시도를 멈추고 열매 맺는 인생이 되기를 원한다. 아름다운 인격의 열매를 맺는 우리 모두가 되길 바란다. 이것이 주님 안에 거할 때 우리가 맺는 첫 번째 열매다.

영혼 구원의 열매를 맺는다

둘째로 주님과의 친밀함을 통해 우리가 맺어야 하는 열매는 바로 '영혼 구원의 열매'다.

내가 성경을 읽다가 발견한 것이 있는데, 성경은 전도를 통해 한 영혼이 주님 앞으로 돌아오면 그것을 '열매'라고 표현하고 있다는 점이다.

> 형제들아 내가 여러 번 너희에게 가고자 한 것을 너희가 모르기를 원하지 아니하노니 이는 너희 중에서도 다른 이방인 중에서와 같이 열매를 맺게 하려 함이로되 **롬 1:13**

여기서도 사도 바울은 이방인 중에서 예수 믿게 된 사람들을 향해 '열매를 맺었다'라고 표현하고 있다.

> 또 저의 집에 있는 교회에도 문안하라 내가 사랑하는 에배네도에게 문안하라 그는 아시아에서 그리스도께 처음 맺은 열매니라 **롬 16:5**

여기서도 마찬가지다. 아시아에서 처음 전도하여 예수 믿게 된 그 사람을 보고 '처음 맺은 열매'라고 표현한다.

> "형제자매 여러분, 나는 여러분에게 권합니다. 여러분이 아는 바와 같이, 스데바나의 가정은 아가야에서 맺은 첫 열매요" **고전 16:15, 새번역**

여기서도 그 지역에서 처음 예수 믿게 된 가정을 놓고 '첫 열매'라고 표현하고 있다.

지금 우리는 열매를 많이 맺는 건강한 교회를 꿈꾸고 있는데, 성경이 말하는 건강한 교회는 새생명이 많이 태어나는 교회를 말한다. 그러므로 복음을 전하는 데 힘쓰지 않는 교회가 건강한 교회가 되는 일은 불가능하다.

이건 개인도 마찬가지다. 여러분은 어떤가? 스스로 생각해보라. 지금 당신으로 인해 예수님을 소개받은 사람이 몇 명이나 되는가? 당신으로 인해 예수 믿고 인생이 변화된 사람이 단 한 명이라도 있다면 주님은 당신을 참 아름다운 열매를 맺은 사람으로 인정해주실 것이다.

새생명의 열매를 맺는 교회

분당우리교회는 기존 신자 등록을 받지 않는 문제로, 등록을 원하는 많은 분들에게 상처를 드렸다. 교회 등록하러 찾아왔다가 기존 신자는 등록할 수 없음을 알게 된 많은 분들이 눈물을 흘리며 아픔을 표하는 일들이 자주 있다.

그래서 '일만성도 파송운동'이 끝난 후에는 자유롭게 등록할 수 있도록 해도 좋지 않을까 하는 고심이 있었다. 이것을 놓고 긴 시간 고뇌하며 기도했다. 그런데 기도할 때마다 하나님께서 내 마음에 주시는 생각은 'No'였다. 기존 신자들이 한 교회로 몰려드는 현상에서 많은 문제가 일어나기 때문이다.

개인적으로 생각하면 너무 죄송하다. 성도 개인의 사정은 고려하지 않고 기계적으로 '등록 불가' 원칙만 내세우는 것은 너무 경직된 모습이라는 비판도 옳은 말이다. 나도 안다. 그래서 나는 간절히 기도한다. 우리 교회에 등록하지 못한 성도들이 그들에게 꼭 맞는 건강한 교회, 할 수만 있다면 주변의 작지만 건강한 교회를 찾아가게 되기를.

그리고 나는 마음에 소원을 가지고 기도한다. 분당우리교회는 기존 신자들의 수평이동으로서가 아니라 전도에 의해 예수님을 처음 믿는 초신자들로 가득한 교회가 되기를 꿈꾸며 기도한다. 왜냐하면 이것이 하나님께서 기뻐하시는 진정한 열매 맺는 교회의 모습이기 때문이다.

어느 특정 교회로의 수평이동에 대한 경계와 함께 새생명의 열매를 풍성하게 맺는 것, 이 두 가지의 균형을 이루는 것이 늘 힘들고 버겁지만, 이것이 건강한 교회로 세워가기 위한 필수 조건임을 잘 알기에 힘을 내려고 한다.

'일만성도 파송운동' 이후에 우리가 꿈꾸며 진행하고 있는 '꿈 너머 꿈'이라는 프로젝트가 있다. '일만성도 파송운동'을 진행하면서 30개 교회로 나누겠다고 발표를 했지만, 사실은 40교회로 분립하려고 했다. 그러다가 여러 가지 여건상 29교회를 파송하게 되었다. 그런 까닭에 11교회에 대한 마음의 부담이 있었다. 그래서 11교회를 추가로 선정하여 후원을 하려고 한다.

이 일은 '일만성도 파송운동'으로 파송 받아 세워진 29교회와 함께 연합하여 감당해보려고 한다. 귀한 열매를 맺는 일이기에 함께하고 싶다.

이런 일들이 안팎으로 열매를 맺는 일이다. 화려한 꽃이 아니라 풍성한 열매를 맺기 위해 나아간다면 하나님이 기뻐하시는 건강한 교회가 되리라 믿는다.

소그룹에서 풍성히 맺히는 영혼 구원의 열매

또 하나, 교회 차원에서 열매를 맺기 위해 꿈꾸고 있는 것이 있다. 그것은 소그룹 모임인 다락방의 부흥이다. 영혼의 열매를 풍성히 맺기 위해서는 소그룹의 역할이 정말 중요하다. 전체가 모여 함께 예배함으로 은혜를 받고, 또 소그룹으로 흩어져 삶을 나누고 서로 기도해주고 섬기며 성도 한 사람 한 사람의 삶이 아름다운 열매로 가득해지기를 바라고 꿈꾸고 있다.

소그룹 모임이 살아나기 위해선 리더 한 사람만 수고하고 애쓰면 안 된다. 모든 구성원이 함께 같은 꿈을 꾸고 그 꿈을 향해 나아가는 공동체가 되어야 한다. 그럴 때 함께 꾸는 꿈들이 아름다운 열매로 맺힐 줄 믿는다.

정말 아름다운 다락방 이야기를 소개하고 싶다. 여성 직장인 다락방이다. 이분들은 가정도 돌봐야 하고, 직장도 다니고, 또 다락방 모임도 하신다. 나는 어느 날 저녁에 그 여성 직장인 다락방을 방문하고 신선한 충격을 받았다. 진짜 작은 천국 같았다. 바쁜 여성 직장인들이 어떻게 이렇게 아름다운 공동체를 만들 수 있었나 궁금했는데, 항상 모임 장소로 집을 제공해주는 분이 있었다. 그 분은 루게릭병을 앓고 계셨다.

루게릭병 때문에 외출이 자유롭지 않았다. 그래서 항상 본인의 집을 오픈하겠다고 하여 그 가정에서 모임을 했는데, 내가 가서 보고 감동 받았던 것은 구성원 모두가 루게릭병을 앓고 있는 그 분을 위해 역할 분담이 너무나 잘 되어 있었다는 것이다. 어떤 분은 음식을 조금씩 해오고, 어떤 분은 밥을 떠먹여 드리고, 또 어떤 분은 통역을 담당하셨다. 루게릭은 근육이 마비되는 병이기에 입을 많이 움직이지 못하셨다. 그래서 어떤 얘기를 하는지 잘 식별이 안 되는데, 가까이에서 알아듣고 바로바로 통역을 해주는 것이다.

이것이 다가 아니다. 루게릭병에 걸린 지체를 돕는 데도 역할 분담이 잘 되어 있었지만, 건강한 다락방, 행복한 다락방 모임을 만들기 위한 역할 분담도 잘 이루어지고 있었다. 예를 들면, 어떤 분은 누군가 말이 길어지면 분량을 조절해주는 역할을 감당하셨다. 아주 지혜롭게, 그리고 코믹하게 말을 자르는 역할을 감당했다. 이런 식으로 모두가 역할을 조금씩 나누어 협력하는데, 그 역할 분담이 아름다웠다. 그 모습이 내 눈에 천국처럼 아름다워 보였다.

더 놀라운 것이 뭔지 아는가? 항상 집을 제공해주시는 그 댁에서 남편분이 다락방 모임을 위해 정성을 다하여 준비해주신다는 것이다. 그날 먹을 간식도 준비해주고 돌아갈 때 뭐 하나라도 들고 가도록 작은 과자를 선물로 준비해주신다. 그렇게 준비를 도운 다음에, 여성들끼리 편한 모임이 되도록 남편은 항상 외출을 하신다. 한 주간의 피로가 쌓여 쉬고 싶을 텐데도 말이다.

내가 놀란 사실은, 그 남편이 예수 믿는 분이 아니라는 것이다. 믿지 않는 남편이 이 모임에 왜 이렇게 희생적인 섬김을 다 하는지 아는가? 루게릭을 앓고 있는 아내가 그 모임을 너무 행복해하기 때문이다. 본인이 교회를 다니지는 않지만 아내가 행복해하는 모습이 좋아서, 믿는 사람들의 모임인 다락방 식구들의 따뜻함이 고마워서 그렇게 섬겨주시는 것이다. 나는 이 남편도 주님 품으로 돌아올 날이 있기를 믿고 기도한다. 이런 감동적인 일이 소그룹 모임을 통해 일어난다.

어떻게 할 때 이런 열매를 맺을 수 있는가? 각자 자기가 맡은 부분을 마음으로 감당하고 섬길 때 가능하다. 리더 혼자 애써서 가능한 열매가 아니다.

대가 지불이 있을 때 열매 맺을 수 있다

감사하게도 우리 교회에는 방금 소개했던 다락방과 같은 행복한 소그룹 모임이 많다. 이처럼 행복한 소그룹 모임에는 공통점이 있다. 그것은 구성원들의 대가 지불이다.

내가 진실로 진실로 너희에게 이르노니 한 알의 밀이 땅에 떨어져 죽

지 아니하면 한 알 그대로 있고 죽으면 많은 열매를 맺느니라 요 12:24

예수님이 뭐라고 하셨는가? '죽으면' 많은 열매를 맺는다고 하셨다. 대가 지불이 필요하다는 말이다. 예수 그리스도의 십자가 대가 지불이 있었기 때문에 많은 열매를 맺을 수 있었다.

나는 심었고 아볼로는 물을 주었으되 오직 하나님께서 자라나게 하셨나니 고전 3:6

자라게 하시는 분은 하나님이 맞다. 하지만 누군가는 물을 주는 일을 했고, 누군가는 씨를 심었다. 대가 지불이 있었던 것이다. 그래야 열매를 맺을 수 있다.

우리가 그를 전파하여 각 사람을 권하고 모든 지혜로 각 사람을 가르침은 각 사람을 그리스도 안에서 완전한 자로 세우려 함이니 이를 위하여 나도 내 속에서 능력으로 역사하시는 이의 역사를 따라 힘을 다하여 수고하노라 골 1:28,29

영혼이라는 열매를 맺기 위해서는 '힘을 다하여 수고'하는 대가 지불이 필요하다.

내가 종종 머릿속으로 되뇌는 구호 몇 가지가 있는데, 그중에 이런 것들이 있다.

"No Pain, No Gain"(고통이 없으면 얻는 것이 없다).

"No Cross, No Crown"(십자가 없는 영광은 없다).

대가 지불이 반드시 필요하다는 말이다. 고통이 없으면 얻는 것도 없다. 대가 지불이 없으면 열매도 없다. 하나님 앞에서 이 사실을 정직하게 알아야 한다.

그리고 또 하나 되뇌는 구호가 있다.

"가시에 찔리지 않고는 장미꽃을 모을 수 없다."

이것도 같은 뜻이다. 오늘날 우리가 가진 문제가 이것이다. 장미꽃은 얻고 싶지만 가시에 찔리고 싶지는 않은 것이다. 하지만 그럴수는 없다. 우리가 열매를 맺기 원한다면 대가 지불이 반드시 필요하다.

가정도 마찬가지다. 자녀를 성숙한 사람으로 키우는 과정에서 부모들이 치러야 할 대가 지불이 얼마나 엄청난가? 자녀들은 부모의 수고와 애씀의 열매를 먹고 자란다. 가끔은 아이 키우느라 지친 자신의 처지를 한탄하며 '동창은 명품 가방 들고 손에 화려한 액세서리 끼고 비싼 옷 입고 다니는데 나는 이게 뭡니까?'라고 스스로를 초라하게 생각하는 사람이 있다. 지치다 보니 이런 자조 섞인 말이 나오는 것이다. 그래서 나는 기도한다. 자녀들을 잘 키우기 위해 힘을 다해 수고하는 부모들에게 하나님께서 그 수고의 열매를 보여주시길. 우리에게 이 은혜와 위로가 있다면 다시 한번 힘을 얻어서 사랑하는 가족과 자녀들을 위해 기꺼이 대가 지불을 치르고 열매 맺는 꿈을 꾸게 될 줄 믿는다.

교회도 마찬가지다. 계속 언급하듯이 내버려두면 현상유지적인 교회가 되고 박물관 교회가 되어버릴 텐데, 그것을 막고 싶다면 대가 지불이 필요하다.

인생이 꿈을 꾸는 것이라면 무슨 꿈을 꾸느냐가 그 사람을 규정한다. 결국은 허망한 자리로 갈 수밖에 없는 허무한 그 무엇을 위해 귀한 시간과 에너지를 다 투자하지 말고, 열매 맺기를 꿈꾸며 그 열매 맺는 일에 투자하고 대가 지불을 하기를 바란다. 그래서 시간이 갈수록, 나이가 들어갈수록 열매 맺는 인생이 되길 바란다. 열매 맺는 인생은 갈수록 행복한 인생이 된다.

6
chapter

참 기쁨을 누리는 교회

" 가짜 기쁨 속에서
참 기쁨을 누리라 "

요한복음 2장 1-11절

¹ 사흘째 되던 날 갈릴리 가나에 혼례가 있어 예수의 어머니도 거기 계시고 ² 예수와 그 제자들도 혼례에 청함을 받았더니 ³ 포도주가 떨어진지라 예수의 어머니가 예수에게 이르되 저들에게 포도주가 없다 하니 ⁴ 예수께서 이르시되 여자여 나와 무슨 상관이 있나이까 내 때가 아직 이르지 아니하였나이다 ⁵ 그의 어머니가 하인들에게 이르되 너희에게 무슨 말씀을 하시든지 그대로 하라 하니라 ⁶ 거기에 유대인의 정결 예식을 따라 두세 통 드는 돌항아리 여섯이 놓였는지라 ⁷ 예수께서 그들에게 이르시되 항아리에 물을 채우라 하신즉 아귀까지 채우니 ⁸ 이제는 떠서 연회장에게 갖다 주라 하시매 갖다 주었더니 ⁹ 연회장은 물로 된 포도주를 맛보고도 어디서 났는지 알지 못하되 물 떠온 하인들은 알더라 연회장이 신랑을 불러 ¹⁰ 말하되 사람마다 먼저 좋은 포도주를 내고 취한 후에 낮은 것을 내거늘 그대는 지금까지 좋은 포도주를 두었도다 하니라 ¹¹ 예수께서 이 첫 표적을 갈릴리 가나에서 행하여 그의 영광을 나타내시매 제자들이 그를 믿으니라

오늘날 우리 시대를 일컬어서 "기쁨은 없고 쾌락만 넘쳐나는 시대"라고 평하는 사람이 많다. 그런데 사실 이런 현상은 우리 시대에만 국한된 게 아니다.

1976년에 나온 에리히 프롬의 《소유냐 존재냐》라는 책이 있다. 이 책에서도 그 문제를 다루고 있다. 저자인 에리히 프롬은 '기쁨'과 '쾌락'을 구분한다. 이 둘은 비슷한 것 같지만 완전히 다르다. 에리히 프롬은 기쁨과 쾌락을 구별하며 이런 말을 했다.

"우리는 기쁨이 없는 쾌락 속에서 살고 있다."

그러면서 쾌락의 사례들을 쭉 나열했는데, 이런 것이다. 사회적으로 성공하고 돈을 더 많이 버는 데서 오는 쾌락, 성적인 쾌락, 마음껏 포식하는 데서 오는 쾌락, 경주에서 이기는 쾌락, 음주, 마약, 환각 상태에서 야기되는 몰입 상태의 쾌락 등을 쾌락으로 정의했다. 그런데 중요한 것은, 인간이 추구하는 쾌락이라는 게 점점 더 자극적인 쾌락의 세계로 몰고 가는 속성이 있다는 것이다.

"기쁨이 부재하는 삶이 사람들로 하여금 새롭고 좀 더 자극적인 쾌락을 끊임없이 추구하도록 몰고 간다."

사회심리학자로 알려진 에리히 프롬은 1900년생이다. 만약 그가 지금까지 살아 있었다면 120세가 넘는 나이일 것이다. 그런데도 지금 이 시대를 평하는 것과 똑같은 말을 자신의 시대를 향해 하고 있지 않은가?

이런 걸 보면 쾌락의 문제는 우리 시대만의 문제가 아니라 죄성을 가진 인간의 뿌리 깊은 문제인 것 같다.

가짜 기쁨의 시대

비교적 최근에 나온 《기쁨은 여기서 시작된다》라는 책에도 비슷한 주장이 담겨 있다. '오늘 우리 시대는 참된 기쁨을 상실하고 있고 그러다 보니 그 부작용으로 기쁨의 대용품인 섹스, 게임중독, 알코올, 포르노, 마약 이런 것들을 찾아 헤매며 인생을 낭비하고 있다'는 주장이다. 에리히 프롬의 주장과 똑같지 않은가? 이 책의 목차를 보니 이런 소제목들이 있었다.

"가짜 기쁨에 취해 있는 세상이다."

"우리는 기쁨의 능력을 잃었다."

"기쁨의 대용품에 인생을 낭비하지 말라."

우리가 참된 기쁨에 대한 능력을 잃어버리다 보니 자꾸 가짜 기쁨, 유사 기쁨을 추구하게 된 것 같다.

옛날에 자동차 기름값이 갑자기 올랐을 때, 사람들이 가짜 휘발유를 사서 차에 넣는 일이 있었다. 당장은 가격이 싸니까 가짜 휘발유를 사용했는데, 그것 때문에 차가 망가진다. 쾌락이 바로 이런 것이다.

이와 유사한 책으로 《도파민네이션》이라는 책이 있다. 이 책은 미국 스탠퍼드대학교 중독의학 교수인 애나 렘키 박사가 쓴 전문 서적으로, 현대인들이 추구하는 쾌락에 대해 뇌와 호르몬을 좀 더 전문적으로 분석한 책이다.

도파민은 인간의 행복과 쾌감에 관여하는 호르몬으로, 사람의 기분을 좋게 하는 호르몬이라고 하여 '행복 호르몬'이라는 별명이 있다. 그러다 보니 도파민이 적게 분비되면 우울증이 발생한다. 우울증이 있을수록 햇볕을 많이 쬐고 기분 좋은 환경을 마련해서 도파민을 만들어내도록 노력해야 한다.

그래서 많은 전문가들이 일조량이 적은 겨울철일수록 특히 우울한 사람들은 햇볕을 많이 쬐고, 많이 걸어야 한다고 권한다. 도파민이 잘 분비되기 위해서는 애를 많이 써야 한다. 하지만 더 근원적으로 도파민이 많이 분비되기 위해서는 일상에서 행복한 일을 많이 만들어야 한다고 한다. 좋은 사람을 만나서 많이 웃고 좋은 시간을 보낼 때 도파민 분비가 원활해진다는 것이다.

그런데 중독의학 교수인 저자가 이 책에서 강조하는 것은, 도파민 분비를 활발하게 하기 위해서는 정성어린 노력이 필요한데 불행하게도 사람들은 이런 노력을 기울이는 대신에 쉽게 도파민이 분비되는 약물을 의지한다는 것이다. 극단적으로 도파민 분비를 일으키는 것 중 하나가 마약류이다.

우리나라는 지금까지 마약 청정국으로 불렸는데, 이제는 더 이상 아니라고 한다. 얼마나 마약이 빠르게 확산되고 있는지, 심지어 어린 중고등학생들까지도 너무 쉽게, 너무 싸게 구할 수 있는 게 되어 버렸다. 이처럼 사람들은 하나님께서 주시는 자연스러운 기쁨이나 행복을 추구하고 그 기쁨을 얻기 위해 많은 노력을 기울이는 대신에, 쉽게 쾌락을 얻기 위해 인간이 만든 인위적인 쾌락을 추구하는 경향이 두드러지고 있다. 이런 유사 기쁨을 추구하는 시대적인 흐름을 막아야 한다. 어떻게든 막아야 한다. 왜 막아야 하는가?

이런 '유사 기쁨'을 양산하는 약물들은 짧게 일시적으로 쾌락을 가져다주는 대신에, 오랜 시간 우리를 고통과 파멸로 몰고 가기 때문이다. 이것이 중독이 가져다주는 부작용이다. 그래서 이 책의 부제가 "쾌락 과잉 시대에서 균형 찾기"다.

기쁨을 추구하는가? 쾌락을 추구하는가?

이런 맥락에서 나는 예수 믿는 우리에게 심각하게 질문을 던지고 싶다. 자기 인생을 돌아보라. 예수 믿는 우리는 지금 기쁨을 추구하는 인생인가, 쾌락을 추구하는 인생인가?

이 질문에 대해 '난 쾌락 추구로부터 자유하다'라고 자신 있게 말할 수 있는 사람은 아무도 없을 것이다.

에리히 프롬은 쾌락에 대해 정의하면서 성적인 타락이나 술과 마약 같은 것만 쾌락이 아니라 '사회적인 성공에 집착하고, 돈 벌기에만 혈안이 되어 있고, 인기를 얻고 누리는 것에만 집착하는 것'도 부정적인 차원에서의 '쾌락'이라고 정의했다.

이런 면에서 본다면 목회자인 나도 이것으로부터 자유하지 못하다. 성직이라고 하는 목회까지도 얼마든지 내 쾌락을 위해 악용될 수 있기 때문이다. 그럴듯하게 포장하고 겉으로는 아닌 척 숨기고 있지만, 주님이 주시는 참 기쁨을 위해 일하기보다 자신의 야망을 위해서 성도와 교회를 얼마든지 악용할 수 있다는 것이다.

최근에 이단, 사이비에 관한 다큐멘터리가 화제가 됐었다. 특히 JMS에 관한 내용이 사회적으로 큰 충격을 줬다. 나도 그 다큐멘터리를 보다가 도저히 못 견디고 중간에 껐다. 악한 교주 한 사람이 자기 쾌락을 위해 어리고 순수한 사람들을 너무나 악하게 이용하는 것을 보면서 견디기 어려웠기 때문이다.

이처럼 죄성을 가진 우리 인간은 '나는 쾌락 추구로부터 자유하다'라고 자신 있게 말할 수 있는 사람이 없기에 우리는 늘 우리 자신을 돌아봐야 한다. 예수 믿는 우리는 지금 무엇을 추구하는지, 무엇에 목마른지를 늘 점검해야 한다.

잔칫집에 포도주가 떨어진 사건

이런 점에서 나는, 이 장에서 다루려고 하는 요한복음 2장 1-11절을 진짜 기쁨과 가짜 기쁨이란 관점과 기준에서 묵상해봤다. 본문의 배경은 잔칫집이다. 그것도 가장 기쁘고 행복한 날이라 할 수 있는 혼인 잔치다. 그런데 이렇게 기쁨을 누리던 잔칫집에서 아주 당황스러운 일이 벌어졌다.

> 포도주가 떨어진지라 예수의 어머니가 예수에게 이르되 저들에게 포
> 도주가 없다 하니 요 2:3

포도주가 떨어졌다. 혼인 잔치 도중에 포도주가 떨어지는 일이 얼마나 심각한 일인지는 마리아가 즉시 예수님께 달려가 그 사실을 알리는 것만 봐도 알 수 있다. 혼주 입장에서 난감한 일을 당했는데, 그날 예수님은 난감한 일을 당한 잔칫집에서 물을 포도주로 바꾸어주시며 그 위기를 모면하게 해주셨다. 오히려 향과 맛이 더 좋은 포도주를 공급해주셨기 때문에 많은 하객들이 더 기쁜 가운데 잔치를 누릴 수 있었다.

겉으로 보기에는 혼인 잔치에서 포도주가 떨어진 사건은 이처럼 간단한 사건일 수 있다. 하지만 성경은 이 사건을 그저 우발적으로 일어난 평범한 사건으로 치부하지 않고 굉장한 의미를 부여한다.

말씀의 흐름을 자세히 보면, 요한복음 2장 1-10절까지 이 사건의 내용을 간단히 기록한 다음에 11절에서 이 사건이 갖는 의미를 이렇게 크게 부여한다.

> 예수께서 이 첫 표적을 갈릴리 가나에서 행하여 그의 영광을 나타내
> 시매 제자들이 그를 믿으니라 요 2:11

여기 나오는 '표적'은 헬라어로 '세메이온'인데, 이 단어는 '예고'라는 뜻을 가진 '세마'에서 유래되었다. 그러니까 성경은 지금 가나 혼인 잔치에서 예수님이 물을 포도주로 바꾸신 이 사건을 어떻게 해석하는가 하면, '세메이온' 즉 예수님이 이 땅에 오셔서 장차 하실 일들을 예고편으로 보여주신 사건이라는 것이다. 굉장한 의미 부여이다.

이 사건이 왜 예수님이 장차 하실 일들에 대한 예고편인가? '포도주'의 의미를 알면 그 이유를 알 수 있다.

기쁨을 상징하는 포도주

이스라엘의 기후는 우기와 건기로 나뉜다. 우기인 겨울에 비가 많이 내린다. 그리고는 여름이 되면 비가 내리지 않는 건기가 되는데, 가뜩이나 더운 여름에 건기가 시작되니 여름 날씨가 얼마나 뜨겁고 건조하겠는가? 그래서 사람들은 겨울철에 비가 많이 내리면 그 빗물을 웅덩이 같은 데 모아서 건기 때 사용하려고 애를 썼다. 하지만 그때 당시는 요즘처럼 저수지나 댐을 만들 수 있는 기술이 없다 보니 그것으로는 역부족이었다. 본격적인 건기가 되면 날은 뜨거워지는데 비도 안 오고, 물이 부족해졌다.

뜨거운 날에 건조하고 물까지 부족하니 사람들이 얼마나 갈증에 시달렸겠는가? 이런 목마름에 시달릴 때쯤 수확되는 것이 포도였다. 이런 면에서 본다면 당시 이스라엘 백성들 입장에서 포도주는 단순히 여러 음료수 중 하나가 아니었다. 목이 갈한 백성에게 포도주는 그야말로 물을 대신할 너무나 요긴한 음료수였다.

이런 상황이다 보니 이스라엘 백성의 입장에서 포도주는 '긴 갈증의 끝에 해갈의 기쁨을 준다'라는 의미로 '기쁨'을 상징한다.

성경에는 이와 관련된 표현들이 많이 나와 있는데, 예를 들어보자.

"사람의 마음을 기쁘게 하는 포도주와…"(시 104:15).

"너는 가서 기쁨으로 네 음식물을 먹고 즐거운 마음으로 네 포도주를 마실지어다"(전 9:7).

"잔치는 희락을 위하여 베푸는 것이요 포도주는 생명을 기쁘게 하는 것이나"(전 10:19).

전부 기쁨에 대한 이미지다. 이처럼 포도주가 가진 성경적 이미지는 '기쁨'인 것이다. 이런 배경을 알고 본문을 다시 보자.

지금 예수님이 잔칫집에 가셨는데 포도주가 떨어졌다. 그리고 포도주가 떨어진 그 잔칫집에서 예수님은 물을 포도주로 만드는 기적을 베풀어주셨다. 그리고 성경은 이것을 예수님이 베푸신 '첫 표적'(세메이온)이라고 하면서, 이것이 장차 주님이 하실 일을 예고하는 것이라고 했다. 그렇다면 여기서 우리가 기억해야 할 게 무엇인가? 주님은 우리에게 기쁨을 주기 원하시는데, 현실적으로 우리 시대는 왜 기쁨이 사라지고 쾌락만 넘쳐나는 세상이 되었나? 왜 우리 시대는 좀 더 자극적인 쾌락을 추구하지 못해 안달하는 사람들로 넘쳐나게 되었나?

이유는 간단하다. 그 내면에 예수님이 계시지 않기 때문이다. 우리 시대는 해갈의 기쁨을 주시러 오신 예수 그리스도를 노골적으로 거절하는 시대 아닌가?

예수님을 초청할 때 기쁨이 회복된다

본문에서 혼주는 손님을 청한 잔치 자리에 포도주가 떨어져버리는 난감한 일을 당했다. 그런데 결국 그 문제가 해결되어 나중에는 더 많은 칭찬을 받는 결과를 가져온 해피엔딩이 이루어졌다. 이것을 묵상하다가 문득 깨달은 게 있다. 포도주가 떨어져 낙심하던 그 상황을 대반전으로 이끈 결정적인 요인이 하나 있었던 것이다. 그게 무엇인가?

사흘째 되던 날 갈릴리 가나에 혼례가 있어 예수의 어머니도 거기 계시고 예수와 그 제자들도 혼례에 청함을 받았더니 요 2:1,2

포도주가 떨어진 그 위기를 모면할 수 있었던 결정적인 요인은, 그 문제를 해결해주실 예수님이 그 자리에 계셨다는 것이다. 그 잔치에 예수님을 초청한 것이 문제 해결의 결정적인 요인이 되었다. 이것이 중요하다.

이것을 오늘 우리 삶에 적용해보자. 참 기쁨은 사라지고 쾌락만 난무한다고 탄식하는 이 시대인데, 이런 세상을 사는 우리가 세상과 어떤 점에서 차별화를 드러낼 수 있을까? 나는 그것이 기쁨의 회복이라고 생각한다. 그리고 이 일을 위해 본문의 혼주처럼 예수 그리스도를 우리 삶에 모셔야 한다. 그래야 결정적인 위기의 순간에 그 위기를 오히려 참 기쁨으로 바꾸어주시는 주님의 은혜를 누릴 수 있다. 예수 그리스도로 인해 회복된 기쁨, 이 기쁨을 세상에 보여주어야 할 책임이 우리에게 있다.

기쁨의 열매를 맺는 삶

앞 장에서 우리는 꽃을 추구하는 인생이 아니라 열매 맺는 인생을 추구해야 한다는 사실을 나누었다. 우리는 열매를 맺어야 한다. 꽃을 추구하는 인생은 나이가 들어갈수록 허무할 수밖에 없다. 언젠간 지는 것이 꽃이기 때문이다. 지지 않는 꽃은 없다. 반드시 진다.

마찬가지로 본문에 비추어 꼭 기억할 것이, 인간이 노력해서 만든 포도주는 도중에 반드시 떨어진다는 것이다. 모든 사람이 다 겪는 일 아닌가? 우리 가정도 그런 일을 겪었다. 생각지도 못하게 아내에게 암이 찾아왔다. 워낙 초기에 발견하여 하나님께 감사하지만, 그래도 몹시 당황스러웠다. 이것이 인생이다. 어떤 사람은 건강이라는 포도주가 떨어진다. 또 어떤 사람은 물질적인 어려움을 당해 자기 인생의 포도주가 떨어지는 위기를 당한다. 또 어떤 사람은 부부 문제, 자녀 문제 때문에 생각지도 못하게 포도주가 떨어지기도 한다. 이런 게 인생이다. 그렇기 때문에 우리는 예수님을 마음에 모시고 살아야 한다. 그리고 어떤 경우에도 우리에게 참 기쁨을 주기 원하시는 주님의 일하심을 누리며 살아야 한다.

앞 장에서 살펴본 것처럼 우리는 '열매 맺는 삶'을 살아야 하는데, 우리가 맺어야 할 가장 소중한 열매 중 하나가 '기쁨의 열매'다. 그리고 우리가 기쁨의 열매를 맺기 위해서는 예수님의 이 말씀을 기억해야 한다.

나는 포도나무요 너희는 가지라 그가 내 안에, 내가 그 안에 거하면 사람이 열매를 많이 맺나니 나를 떠나서는 너희가 아무것도 할 수 없음이라 요 15:5

주님께서 주시는 열매를 맺기 위해서는 '그가 내 안에, 내가 그 안에 거하면'이라는 전제 조건이 있다. 기쁨의 열매도 마찬가지다. 주님과 영적으로 신비로운 연합을 이루고 있는가? 일상 속에서 그분과의 친밀함을 누리고 있는가?

그분 안에 거해야 한다. 그분과 영적으로 연합함으로써 그분과의 친밀함을 누려야 한다. 그렇지 않으면 아무리 교회에 왔다 갔다 한대도 우리 내면에 참 기쁨은 없다.

'주님과의 친밀감'이라는 잣대를 가지고 우리는 늘 스스로를 점검해야 한다. 그리고 그 친밀감을 바탕으로 기쁨을 구해야 한다.

지금까지는 너희가 내 이름으로 아무것도 구하지 아니하였으나 구하라 그리하면 받으리니 너희 기쁨이 충만하리라 요 16:24

우리가 이 기쁨을 누려야 한다. 모든 성도의 삶에 이 기쁨이 나타날 때 그 교회는 건강한 교회가 된다. 또한 교회의 부흥은 그 결과가 성도 개개인의 삶에 넘치는 이 기쁨으로 드러나야 한다. 성도는 많이 모여드는데 목사 한 명만 기쁘고, 정작 성도들의 삶은 전혀 기쁘지 않다면 그 교회는 절대로 건강한 교회라고 할 수 없다.

참 기쁨을 위한 우선순위

기쁨은 영어 단어로 'JOY'인데, 이 JOY의 스펠링을 가지고 기쁨의 우선순위를 설명한 글이 있다.

> J : Jesus first. 내 인생의 우선순위를 예수 그리스도에게 두는 것, 이것이 기쁨의 첫 단추이다.
>
> O : Others second. 타인들, 즉 내가 만나는 이웃들, 그들의 삶을 돌아보는 것이 두 번째 우선순위이다.
>
> Y : You third. 나 자신은 세 번째다.

예수 그리스도가 첫 번째, 주변 사람들이 두 번째, 그다음 세 번째가 내가 될 때 JOY(기쁨)가 된다는 것이다.

내 삶의 우선순위에 예수 그리스도를 첫 번째로 두고 살면 혼란이 없다.

예를 들면, 좋은 교사는 자기 행복보다 아이들이 행복해지는 것에 더 우선순위를 둔다. 그리고 이런 마음이 가능하도록 자기 삶의 가장 중요한 우선순위의 자리에 예수 그리스도를 두고 사는 교사가 어떻게 혼란에 빠질 수 있겠는가?

의사도 마찬가지다. 좋은 의사는 환자가 병이 낫고 행복해지는 것이 무엇보다 중요하다는 생각을 갖고 있다. 그러다 보니 환자가 고침 받고 살아나는 게 가장 큰 목표이다. 그리고 이 일이 가능하도록 예수님을 의지하는 삶을 산다.

좋은 사업가도 마찬가지다. 건강한 사업가는 자기와 함께하는 직원들이 행복해지는 것에 우선순위를 둔다. 직원들과 함께 사업의 성장을 누릴 때 진짜 기쁨이 있음을 안다.

목회에서도 마찬가지다. 온전히 예수 그리스도를 첫 번째 우선순위에 두고, 성도들이 기뻐하는 것이 내 기쁨이 되도록 하나님께 기도하며, 자기 자신은 맨 마지막 세 번째 자리에 두는 그 목회자는 건강한 목회자이다. 그리고 그런 목회자는 행복하다. 삶의 우선순위가 잘 정립되어 있기에 위기가 와도 흔들리지 않는다.

예수 그리스도가 우선순위에서 가장 먼저인 삶을 살자. 그분께 영광 돌리는 삶을 가장 우선순위에 두고 살자. 이런 삶을 살면 인생의 혼란이 없다. 이런 기준을 가지고 있는 사람은 절대로 허무한 쾌락이나 중독에 빠질 수 없다. JOY의 스펠링으로 우선순위를 설명한 글도 있지만, 이렇게 표현한 글을 본 적이 있다.

JOY : Jesus Overflows You!

즉, JOY(기쁨)의 의미는 "예수님이 당신을 넘치게 해주신다"라는 것이다.

시편 23편 5절에서 다윗은 이렇게 고백했다.

> 주께서 내 원수의 목전에서 내게 상을 차려주시고 기름을 내 머리에 부으셨으니 내 잔이 넘치나이다 시 23:5

이것이 JOY(기쁨)이다. 다윗의 삶을 살펴보면, 절대 권력을 가진 왕이 자기를 죽이려고 그렇게 괴롭히던 시절에도, 심지어는 아들이 권력에 눈이 어두워 아버지인 자기 목에 칼을 들이대던 순간에도, 주께서 항상 그 내면에 기쁨을 흘려보내시기 때문에 다윗은 "내 잔이 넘치나이다. 내게 부족한 게 없습니다"라고 고백할 수 있었다. 이것이 기쁨이다.

우리도 본문에 나오는 잔칫집 주인처럼 예수 그리스도를 우리의 인생에 초청하기를 바란다. 그분이 우리 인생에 계시면 인간이 만든 포도주가 떨어지는 난감한 상황이라 할지라도 주의 포도주가 넘치게 부어지는 은혜가 있는 줄 믿는다.

내가 만든 포도주는 떨어지는 때가 있다

예전에 내가 중고등학교에 다니던 70년대에는 노방전도를 엄청 활발하게 했다. 나도 노방전도를 많이 다녔다. 그때 예수님을 전하면 이런 말을 하는 중년의 아저씨들이 많았다.

"나 예수 안 믿어. 나 예수 안 믿어도 돼. 난 내 주먹을 믿어."

그러면서 자신의 주먹을 확 내밀곤 하셨다. 나는 그때 그렇게 자신만만하게 자신의 주먹을 믿는다고 했던 그 분들을 다시 만나보고 싶다. 그때 사십 대였다고 하면 지금은 세월이 많이 흘러 거의 구십 대 노인이 되었을 텐데, 지금도 그렇게 자신의 주먹을 믿을 수 있는지 궁금하다. 아마 주먹을 올릴 힘도 없어서 부들부들 떨지 않을까?

젊은 시절의 힘 있던 주먹은 영원하지 않다. 인간의 포도주는 반드시 떨어지게 되어 있기 때문이다. 지금 나에게 힘이 있어서 예수님이 필요하지 않은 것 같아도 예수님을 믿어야 한다. 그분을 의지해야 한다. 왜 그런가? 포도주가 떨어질 때가 오기 때문이다. 주먹에 힘이 빠지고 나약해질 때를 피할 수 있는 인간이 누가 있겠는가?

인간이 만든 포도주는 떨어질 수밖에 없다는 사실을 애써 부인하고, 나는 안 그렇다고 이야기하지만, 자기 주먹을 믿는 자의 끝은 허무만 남을 뿐이다. 그때를 대비해야 한다.

잔칫집 주인처럼 내가 만든 포도주가 떨어졌을 때, 주님을 초청한 인생은 주님이 만들어주시는 향과 맛이 더 좋은 포도주를 누릴 수 있게 된다. 주님이 만들어주시는 포도주를 의지할 때 갈수록 인생이 더 멋있어지는 것이다. 예수님을 잘 믿는 권사님들, 장로님들을 보면 얼마나 멋지신지 모른다. 연세가 많아도 아직도 소녀 같으시고 소년 같으시다. '향기로운 삶'이란 말이 너무 잘 어울린다. 그렇게 우리도 나이가 들어갈수록 점점 더 멋진 향내를 풍기는 포도주 같은 인생이 되기를 바란다. 그러려면 예수님을 초청해야 한다.

함께 누리는 기쁨

주님이 주시는 기쁨의 속성 한 가지를 더 살펴보자. 데살로니가전서 5장을 보자.

> 항상 기뻐하라 … 이것이 그리스도 예수 안에서 '너희를 향하신' 하나님의 뜻이니라 살전 5:16,18

주님은 "항상 기뻐하라"라고 말씀하신다. 그러면서 이것이 "너희를 향하신 하나님의 뜻"이라고 하신다. 여기서 '너희를 향하신'은 복수의 대상을 지칭한다. 새번역으로 보면 이렇게 표현되어 있다.

"이것이 그리스도 예수 안에서 여러분에게 바라시는 하나님의 뜻입니다"(살전 5:18, 새번역).

'당신에게 바라시는 하나님의 뜻'이 아니다. '여러분에게 바라시는 하나님의 뜻'이다. 무엇을 강조하고 있는 것인가? 주님이 주시는 기쁨의 강력한 속성 중 하나는 '함께하는 것'이란 점이다. 같이 누리는 것이다. 함께 기뻐하는 것이다.

오늘 이 시대가 속이는 게 무엇인가? 기쁨은 개인적인 것이라고 하지 않는가? 기쁨은 본인이 누리는 것이라고 말한다. 기쁨을 개인주의화하는 게 우리의 행복을 빼앗으려는 사탄의 속임수다.

에리히 프롬이 돈 많이 버는 데 집착하는 것도 쾌락이 될 수 있다고 했는데, 돈 한 푼 남을 위해 쓰지 않고 오직 나를 위해 쓰는 것이 진정한 기쁨을 가져다주지 못하기 때문이다. 기쁨은 같이 누리는 것이다. 같이 기뻐하는 것이다. 내가 계속해서 교회의 회복을 강조하고 소그룹 모임의 중요성을 강조하는 이유가 여기에 있다. '같이, 함께'라고 하는 기쁨의 속성을 꼭 기억해야 한다.

우리의 대상은 하나님이시다

그런가 하면 한 가지 더 기억할 중요한 기쁨의 속성이 있다. 데살로니가전서 5장 16절을 보면 명령어만 있다.

"항상 기뻐하라 쉬지 말고 기도하라 범사에 감사하라."

명령어만 있고, 목적어가 없다. 생략된 목적어를 넣어서 다시 문장을 만들어보자.

"(하나님께서 주신 것을) 항상 기뻐하라 쉬지 말고 (하나님께) 기도하라 범사에 (하나님께) 감사하라."

우리가 기뻐하되 하나님이 주신 것을 기뻐하는 것이다. 우리가 쉬지 말고 기도하되 하나님께 기도하는 것이다. 우리가 범사에 감사하되 하나님께 감사하는 것이다. 이렇게 우리의 기쁨의 출처가 분명하고, 기도의 대상이 분명하고, 감사의 대상이 분명한 다수, 그 공동체가 '함께' 추구하는 것이 주님이 주시는 기쁨이라는 것이다.

포도주가 떨어졌을 때 주님의 포도주를 갈망하라

거듭 강조하지만 우리 인간이 만든 포도주는 반드시 중간에 떨어지고 고갈된다. 우리 가정도 그런 시절을 겪었다. 목사님이셨던 아버지가 금식기도를 하시다가 돌아가신 그 일은 어머니 입장에서 갑자기 인생의 포도주가 떨어진 상황이었다. 당시 어머니는 당신의 인생이 절벽으로 떨어지는 것 같은 절망을 느꼈을 것이다.

그런데 그 순간에 어머니는 하나님을 원망하기보다는 주께서 주시는 참 포도주를 갈망하셨다. 주님이 주시는 참 포도주를 갈망하기 위해 토기장이이신 하나님이 하시는 일에 우리 같은 토기가 어떻게 토를 달 수 있겠는가, 하시며 눈물로 승복하고 수용하셨다. 그랬더니 어머니 안에 계시는 예수 그리스도께서 어머니와 어린 자녀들에게 참 기쁨을 주신 것이다. 그리고 어머니와 자녀들을 하나님께서 책임지고 인도해주셨다. 그 결과가 오늘의 나다.

나는 어머니의 기쁨의 열매다. 내가 어머니의 기쁨의 열매가 된 것처럼, 우리의 기쁨이 우리 자녀들에게 전수되기를 바란다.

이제 우리가 실습을 해보자. 하루 하루 세상 속에서 살면서 포도주가 떨어지는 것 같은 때를 얼마나 많이 경험하는가? 그때마다 주님을 초청하자. 포도주가 떨어진 잔칫집 같은 우리 인생에 예수님을 초청하자. 그분이 만들어주시는 포도주, 그분이 부어주시는 참 기쁨을 갈망하자. 그래서 주님의 기쁨으로 덧입는 우리가 되기를 간절히 바란다.

7
chapter

하나님의 치료가 일어나는 교회

> 66 광야에서 치료하시는
> 주님을 바라보라 99

출애굽기 15장 22-26절

22 모세가 홍해에서 이스라엘을 인도하매 그들이 나와서 수르 광야로 들어가서 거기서 사흘길을 걸었으나 물을 얻지 못하고 23 마라에 이르렀더니 그 곳 물이 써서 마시지 못하겠으므로 그 이름을 마라라 하였더라 24 백성이 모세에게 원망하여 이르되 우리가 무엇을 마실까 하매 25 모세가 여호와께 부르짖었더니 여호와께서 그에게 한 나무를 가리키시니 그가 물에 던지니 물이 달게 되었더라 거기서 여호와께서 그들을 위하여 법도와 율례를 정하시고 그들을 시험하실새 26 이르시되 너희가 너희 하나님 나 여호와의 말을 들어 순종하고 내가 보기에 의를 행하며 내 계명에 귀를 기울이며 내 모든 규례를 지키면 내가 애굽 사람에게 내린 모든 질병 중 하나도 너희에게 내리지 아니하리니 나는 너희를 치료하는 여호와임이라

얼마 전에 우리 교회 청년들과 대화하는 시간을 가졌다. 청년들과 대화하는 시간을 가지면서 마음이 아팠던 것이, 하나같이 살기 참 힘들다는 말을 쏟아 놓는 것이다.

"목사님, 이것도 힘듭니다. 저것도 아픕니다."

아직 젊은 청년들은 산전수전 다 겪은 기성세대보다 마음이 여리다. 그래서 상처도 잘 받는다. 그렇기 때문에 더 많은 격려와 가르침이 필요하다.

그날, 이런저런 일들로 아파하는 청년들을 격려하며 내가 해준 이야기가 있다.

서울역에서 기차를 타고 부산까지 가려면 반드시 거쳐야 하는 터널이 있지 않은가? 우리나라는 산이 많기 때문에 터널을 뚫어서 기찻길을 많이 만들었다. 그렇기 때문에 서울역에서 부산역까지 가려면 꽤 많은 터널을 지나야 한다.

그런데 어떤 사람이 서울역에 앉아서 이렇게 기도하고 있다고 생각해보라.

"하나님, 오늘은 터널 만나지 않게 인도하여주시옵소서. 이 기차에 탄 모든 사람들이 다 터널을 만나도 저는 절대로 터널을 만나지 않기를 원합니다."

만약에 이렇게 기도하는 사람이 있다면 부산에 안 가겠다는 소리다. 부산역으로 가려면 누구나 예외 없이 터널을 지나가야 한다. 우리 인생도 마찬가지다.

터널은 반드시 지나가게 되어 있다

우리가 기도할 때 고난이 찾아오지 않게 해달라고, 인생에서 터널을 만나지 않게 해달라고 구하는 것은 옳은 기도가 아니다. 그 기도는 응답될 수가 없다. 왜 그런가? 하나님께서 그렇게 설계하셨기 때문이다. 나는 항상 이 말씀을 떠올린다.

> 형통한 날에는 기뻐하고 곤고한 날에는 되돌아보아라 이 두 가지를 하나님이 병행하게 하사 전 7:14

하나님은 형통한 날과 곤고한 날, 이 두 가지를 병행하게 하셨다. 왜 그러셨는가? 형통한 날에는 기쁨을 맛보게 하시려고, 곤고한 날에는 지난날을 되돌아보게 하시려고 그러신 것이다.

그러므로 형통한 날에는 기쁨을 누려야 한다. 형통한 날에는 최선을 다해 기쁨을 드러내고, 표현해야 한다. 그리고 그 일을 허락하신 하나님께 찬양하며 감사해야 한다. 이것이 형통한 날에 하나님이 주신 지침이다.

그런가 하면 곤고한 날에는 생각하라고 하신다. 되돌아보라는 것이다. 인생의 지난 시간을 돌아보고 지금 가고 있는 길이 잘 가고 있는 길인지를 점검해야 한다. 그리고 이런 아프고 괴로운 일이 왜 일어났는지, 하나님께서 이런 아픈 과정을 통해서 우리에게 어떤 메시지를 주기 원하시는지를 민감하게 살펴보라는 것이다. 이것이 우리 삶에 때로 곤고한 날을 주시는 이유이다. 이런 이유로 형통한 날과 곤고한 날을 병행해서 주신다.

이런 하나님의 뜻을 헤아린다면, 기도할 때마다 터널 없는 인생이 되게 해달라고, 밝은 태양만 보이게 해달라고 기도하는 일은 없을 것이다. 우리가 인생의 서울역에서 출발해서 부산역까지 가려면 반드시 거쳐야만 하는 그 터널은 돌아가는 것을 막기 위해 만든 고마운 도구라는 사실을 기억해야 한다.

그렇기 때문에 터널을 없애달라고 기도하기보다는 때때로 주어지는 인생의 터널을 '잘 통과하는 법'을 배우게 해달라고 기도해야 한다.

기쁨과 기쁨 사이에 배치된 고난

본문을 통해 나누고 싶은 메시지도 바로 이런 내용이다. 지금 이스라엘 백성은 가슴이 터질 듯한 기쁜 날을 맞았다. 430여 년간 종살이하던 애굽을 탈출하는 데 성공했다. 그것도 자기들 앞을 가로 막고 있던 홍해라는 장애물을 건너는 과정에서 하나님의 특별한 기적을 맛보며 탈출했다. 자기 민족이 해방된 것도 감격스러운데, 그 과정에서 이처럼 극적인 하나님의 인도하심으로 홍해가 갈라지는 것을 보았으니 얼마나 감격스러웠겠는가?

이런 기쁨이 담긴 그들의 노래를 들어보라.

> 이때에 모세와 이스라엘 자손이 이 노래로 여호와께 노래하니 일렀으되 내가 여호와를 찬송하리니 그는 높고 영화로우심이요 말과 그 탄 자를 바다에 던지셨음이로다 출 15:1

홍해를 가르신 하나님의 놀라우신 일하심을 감격으로 찬양하는 내용이다. 이 찬양이 본문이 나오기 직전인 21절까지 계속 이어지고 있다. 그야말로 당시 이스라엘 백성들은 '이게 꿈이라면 깨지 않기를 원합니다'라고 고백하며 마음껏 기쁨을 누렸다. 그런데 그들의 기쁨은 오래가지 않았다. 그 기쁨에 찬물을 끼얹는 사건이 벌어진 것이다. 그것이 본문의 기록이다.

본문을 읽으려니 내가 다 아쉽고 속상하다. 너무나 가슴 벅찬 하나님의 일하심을 경험하고 찬양하고 또 찬양하고 있었는데, 찬물을 확 끼얹는 이런 일이 일어났으니 말이다. 어떤 일이 일어났는가?

> 모세가 홍해에서 이스라엘을 인도하매 그들이 나와서 수르 광야로 들어가서 거기서 사흘길을 걸었으나 물을 얻지 못하고 마라에 이르

렀더니 그곳 물이 써서 마시지 못하겠으므로 그 이름을 마라라 하였
더라 백성이 모세에게 원망하여 이르되 **출15:22-24**

물을 얻지 못한 채로 사흘이나 길을 걷다 보니 목이 너무 말랐다.
엎친 데 덮친 격으로 천신만고 끝에 겨우 물을 발견했는데 그 물은
너무 써서 마실 수가 없었다. 그러니 그들이 어떻게 계속 기뻐할 수
있었겠는가? 하나님은 왜 이런 일을 만나게 하셨을까?

출애굽기 15장을 읽어보면, 본문의 사건을 중심으로 그 앞에는 홍
해를 가르신 것으로 인한 기쁨을 찬양하는 장면이 나오고, 중간에
마라의 물이 써서 마시지 못하는 고통으로 원망하는 본문의 사건이
나오며, 이 사건 바로 뒤에 또 기쁨을 폭발시키며 찬양하는 장면이
나온다. 너무나 아름다운 엘림으로 인도함을 받았기 때문이다.

그들이 엘림에 이르니 거기에 물 샘 열둘과 종려나무 일흔 그루가 있
는지라 거기서 그들이 그 물 곁에 장막을 치니라 **출 15:27**

가운데 있는 본문의 사건만 딱 떼어내면 연결이 훨씬 자연스러울
것 같지 않은가? 홍해를 건넌 기쁨과 하나님이 베푸신 기적을 찬양
하며 가슴이 터질 것 같은 그 상황에서 엘림으로 인도함까지 받았으
면 얼마나 좋았겠는가?

고난을 통해 '치료자 하나님'을 가르쳐주신다

그런데 하나님은 왜 중간에 찬물을 끼얹는 일들을 허락하셨을까? 하나님이 그 이유도 성경에 설명해두셨다. 하나님이 뭐라고 설명하셨는가?

> 모세가 여호와께 부르짖었더니 여호와께서 그에게 한 나무를 가리키시니 그가 물에 던지니 물이 달게 되었더라 거기서 여호와께서 그들을 위하여 법도와 율례를 정하시고 그들을 시험하실새 출 15:25

하나님이 무엇을 점검하고 시험하시고자 이 사건을 주셨는가?

> 이르시되 너희가 너희 하나님 나 여호와의 말을 들어 순종하고 내가 보기에 의를 행하며 내 계명에 귀를 기울이며 내 모든 규례를 지키면 내가 애굽 사람에게 내린 모든 질병 중 하나도 너희에게 내리지 아니하리니 나는 너희를 치료하는 여호와임이라 출 15:26

"나는 너희를 치료하는 여호와임이라."

이것이 홍해를 건너는 기쁨과 풍성한 엘림에서의 감격 사이에 불편한 마라의 쓴 물 사건을 끼워 넣으신 하나님의 의도다.

하나님께서는 홍해의 기적을 경험한 이스라엘 백성의 기쁨에 찬물을 끼얹는 마라의 사건을 통해 이렇게 말씀하시는 것이다.

'너희들 꼭 기억해라. 인생을 살아가다 보면 항상 봄 날씨만 있는 것이 아니다. 고난도 오고, 터널도 온다. 그때 너희들이 기억해야 할 게 있다. 그 아픔과 고난의 순간이 오면 꼭 기억하거라. 나는 너희를 치료하는 여호와 하나님인 것을.'

하나님께서 마라의 쓴 물을 통해 전하고자 하신 메시지가 이것이다. 이것을 알게 하시려고 광야 생활 내내 고난을 두시며 시험하시는 것이다.

홍해를 건너 광야의 여정을 시작하는 초입 부분에서 이스라엘 백성은 이 사실을 뼈에 새겨야 했다.

"나는 너희를 치료하는 여호와임이라."

서울역에서 부산역까지 기차를 타고 가는데 왜 터널이 나와야 하는가? 잠언에서 말씀하셨듯이 그때 생각해보라는 것이다. 우리가 항상 잘 풀리고 잘되고 너무 기쁘기만 하면, 허락하신 그 일이 하나님의 손에 있다는 걸 잊어버린다. 그렇기 때문에 고난이 찾아올 때는 "지금은 여호와께서 나의 치료자가 되심을 자각해야 하는 순간이다"라는 걸 기억하고 고백하는 시간으로 삼아야 한다. 이스라엘 백성들은 마라의 쓴 물 사건을 통해 이 사실을 깨달았어야 했다.

하나님은 결코 우리에게 고통을 주시기 위해 고난을 주는 분이 아니시다. 때로 우리 삶 가운데 고난과 상처가 찾아오면 이 사실을 꼭 기억하기를 바란다.

"하나님은 여호와 라파, 여호와는 치료하시는 하나님이시다."

이스라엘 백성은 이제부터 본격적으로 가나안을 향한 광야 생활을 시작해야 하는데, 광야는 결핍의 상징이다. 그 결핍으로 인해 아픔과 상처가 찾아올 때마다 마라의 쓴 물이 주는 교훈을 떠올리며 '여호와 라파, 여호와는 치료하는 하나님'이심을 기억해야 한다. 이것을 알게 하시고 점검하고자 테스트하신 것이 본문의 마라의 사건인 것이다.

나무를 던지니 물이 달게 되었다

그리고 신약 시대를 살아가는 우리는 여기서 한 가지 더 기억해야 할 것이 있다. 25절을 다시 보자.

> 모세가 여호와께 부르짖었더니 여호와께서 그에게 '한 나무'를 가리키시니 그가 물에 던지니 물이 달게 되었더라 출 15:25

하나님은 지금 "나는 너희를 치료하는 여호와임이라"라고 말씀하시면서 쓴 물을 변화시키는 도구로 나무를 사용하고 계신다. 당시 이스라엘 백성은 이 말씀의 의미를 몰랐을 것이다. 하지만 은혜의 시대인 신약 시대를 살아가는 우리는 이 말씀을 듣고 떠올려야 하는 구절이 있다.

> 친히 나무에 달려 그 몸으로 우리 죄를 담당하셨으니 이는 우리로 죄에 대하여 죽고 의에 대하여 살게 하심이라 그가 채찍에 맞음으로 너희는 나음을 얻었나니 벧전 2:24

여호와 라파, 치료하시는 하나님께서 나무를 가지고 어떻게 우리를 치료하셨는가? 독생자이신 예수 그리스도, 그분의 십자가와 그분의 고난을 통해, 아무 이유 없이 그저 우리를 긍휼히 여기시는 마음으로 십자가 나무에 매달리셨기 때문에 그분을 바라보고 그분을 의지할 때 쓴 물이 단물이 되는 놀라운 역사가 일어난다는 사실을 우리는 알고 있지 않은가?

그러므로 고난의 광야에서 꼭 바라봐야 하는 게 무엇인가? 십자가다. 고난의 광야에서는 십자가를 지신 예수 그리스도를 바라봐야 한다. 그분의 고난을 통해서 내가 나음을 입었음을 기억하고, 지금 내게 닥친 아픈 일들에 대해서도 치료하실 하나님의 은혜를 생각해야 한다. 이것이 고난의 광야에서 우리가 바라봐야 하는 것이다.

우리의 옛 어른들은 고난이 참 많으셨다. 고난이 많으셨기에 눈물도 많았다. 그런데 그들의 고난이 그들로 하여금 십자가를 더욱 의지하게 하는 역할을 했다.

"십자가 십자가 내가 처음 볼 때에 나의 마음에 큰 고통 사라져 오늘 믿고서 내 눈 밝았네 참 내 기쁨 영원하도다."

그분들의 눈물은 고난을 견딜 수 없어서 흘린 눈물이 아니라 십자가야말로 '치료하시는 하나님'의 증표이기에 감사해서 흘리는 눈물이었다.

나그네 인생길, 고난의 광야 길에서 우리는 십자가를 기억해야 한다. 월요일부터 토요일까지 광야 같은 세상에서 살아갈 때, 십자가가 내 마음의 고통을 사라지게 하는 하나님의 축복의 선물임을 늘 인식하며 살아가기를 바란다. 이런 점에서 우리는 항상 이 말씀을 기억해야 한다.

"나는 너희를 치료하는 여호와임이라."

하나님은 우리가 어떤 상황에서도 이것을 잊지 않기를 바라신다.

고난 속에서 어떻게 행할 것인가

특별히 본문을 묵상하다 보면, 고난의 광야에서 모세가 지도자로서 너무나 모범적으로 잘 대응하고 하나님이 맡기신 사명을 잘 감당하는 것을 볼 수 있다. 이런 측면에서 본문 22절에서 한 가지 놀라운 표현을 발견했다.

"모세가 홍해에서 이스라엘로 인도하매…."

홍해에서 이스라엘을 인도하신 분은 하나님이시다. 그런데 놀랍게도 하나님은 모세가 인도했다고 인정해주신다. 이것이 무엇을 의미하는가? 모세가 하나님께 위임받아 이스라엘 백성을 지도하는 특별한 권한을 부여받았음을 강조하는 표현이다.

나라의 정치 지도자를 잘 만나면 모든 국민이 다 편하다. 교회에서 지도자인 목회자를 잘 만나면 모든 성도가 은혜를 받는다. 또한 한 가정에서 지도자인 부모를 잘 만나면 자녀들의 인생에 혼란이 없다. 이렇듯 좋은 지도자를 만나는 것은 참으로 중요하다.

예수 믿는 우리는 우리가 선 모든 자리에서 지도자다. 내가 이런 얘기를 하면 어떤 성도는 "목사님, 저는 전업주부인데요"라고 한다.

전업주부는 가장 중요한 지도자다. 가정을 잘 돌보기 위해, 하나님이 주신 너무나 귀한 자녀들을 잘 지도하기 위해 다른 직업 갖는 것을 포기하고 그 일을 온전히 맡은 것 아닌가?

우리는 예수 믿는 사람으로서 교회에서든, 회사에서든, 가정에서든 좋은 지도자가 되어야 한다. 우리가 좋은 지도자가 되면 우리 자녀들이 그 혜택을 누리고, 내가 속한 공동체의 구성원들이 그 혜택을 누린다. 본문의 모세가 지도자로서 좋은 본을 보여주고 있는 것이다.

우리도 모세처럼 좋은 지도자가 되기 위해서는, 고난의 터널을 지날 때 모세가 취한 두 가지 행동을 배워야 한다.

고난의 터널을 지날 때, 치료자 하나님을 기억하라

첫째, 우리가 모세를 통해 배워야 할 것은 고난의 터널을 지날 때 '치료자 되시는 하나님'을 기억해야 한다는 것이다. 출애굽기 15장 23-25절을 다시 보자.

> 마라에 이르렀더니 그곳 물이 써서 마시지 못하겠으므로 그 이름을 마라라 하였더라 백성이 모세에게 원망하여 이르되 우리가 무엇을 마실까 하매 모세가 여호와께 부르짖었더니 출 15:23-25

나는 이 구절에서 흥미로운 한 가지를 발견했다. 백성들은 원하는 물을 얻지 못하자 모세를 상대했다.

"백성이 모세에게 원망하여 이르되."

이처럼 백성들이 '인간' 모세를 상대할 때, 지도자 모세는 '인간' 백성들을 상대하지 않고 '하나님'을 상대했다.

"모세가 여호와께 부르짖었더니."

이 차이가 모세를 백성들과는 수준이 다른 지도자로 세움 받게 했다. 그럼 모세는 왜 '사람'을 상대하지 않고 '하나님'을 상대했나? 사람은 문제 해결의 능력이 없음을 알았기 때문이다. 그리고 백성들처럼 책임 전가를 하며 원망하는 일이 문제 해결에 도움이 되지 않음을 알았기 때문이다. 모세가 확신한 것은 이것이었다.

"나는 너희를 치료하는 여호와임이라."

나는 우리 부모들이 자녀들에게 모세와 같은 지도자이길 바란다. 너무나 당황스럽고 난감한 일을 만났을 때, 부부가 서로 "당신 탓이야, 당신 때문이야!"라면서 계속 서로를 탓하면 아이들은 그것을 지켜보면서 마음이 무너진다.

그런 위기의 순간에 부모들이 사람을 상대하지 않고 치료자 되시는 하나님을 찾아 기도하는 모습을 보여줘야 한다. 이것이 가장 귀한 자녀교육이다.

어릴 때부터 이런 것을 보고 자란 아이들은 커서 인생의 위기가 올 때 어떤 태도를 취해야 하는지 알게 된다. 위기의 순간에도 혼란스러워하지 않고 바른 방향을 바라볼 수 있게 된다.

고난 속에서 용사가 될 수 있었던 비결

최근에 우리 교회 강사로 오신 여 선교사님이 계신다. 이 선교사님 부부는 선교사로 너무나 아름답게 헌신하고 있었다. 그들은 서아프리카의 부르키나파소라는 생소하고 낯선 지역에 복음을 전하러 나갔다. 그런데 그 남편이 38세 되던 때 사고로 너무나 급작스럽게 세상을 떠났다. 그때 여 선교사님은 둘째를 임신 중이었고 큰아이는 기껏해야 두 돌 반이었다.

말씀을 전해주신 선교사님 자신도 십 대 때 아버지와 어머니가 다 돌아가셔서 스스로 표현하기를 고아로 자랐다고 한다. 그래서 행복하고 싶었다고 한다. 그 소망대로 너무 좋은 남편을 만나서 딸아이를 낳고 둘째를 임신하여 행복하게 살아갈 꿈을 꾸고 있을 때 마라의 쓴 물이 찾아온 것이다.

이런 일을 겪었다 보니 아이들이 자라면서 방황을 했다. 특히 둘째인 아들이 방황을 많이 했다고 한다. 당연했을 것이다. 일찍 아빠를 잃은 자녀로서, '하나님은 왜 우리 아빠를 이렇게 일찍 데리고 가셨냐'는 원망이 나오지 않았겠는가?

그런데 내가 이 선교사님께 감동한 것은 방황하는 아들을 향한 눈물의 호소였다. 아들에게 이렇게 강조했다.

"아들아, 혼란스럽지? 엄마가 다 말해줄게. 하나님께서 왜 그렇게 행하셨는지 엄마가 다 말해줄게. 엄마의 온 삶을 통해 다 설명하고 다 보여줄게."

선교사님의 이 고백에 내 마음이 먹먹해졌다. 선교사님은 자녀들

입장에서 너무 좋은 지도자셨다. 그 분은 남편이 세상을 떠난 후에도 절대 약해지지 않으셨다. 오히려 여전히 하나님을 섬기며 두 아이를 든든하게 지켜내고 계셨다. 직접 만나 보니 너무나 여리고 부끄러움이 많은 분이셨는데, 어떻게 두 아이를 지켜내는 용사가 될 수 있었을까?

문득 이지선 교수가 떠올랐다. 이지선 교수는 대학생이던 23세 때 만취 운전자의 음주운전으로 교통사고를 당해 온몸에 중화상을 입고, 마흔 번 넘게 수술을 했다고 한다. 그 끔찍한 사고를 당한 후에 이지선 교수는 미국으로 유학을 가서 미국 명문대학에서 사회복지학을 공부했다. 그리고 기독교 대학인 한동대학교에서 교수로 학생들을 가르치다가 최근에 모교인 이화여대의 교수가 되었다. 이 소식이 세상 사람들에게도 굉장한 화제가 되었다.

이지선 교수의 기사를 찾아보니 사람들이 이분에게 붙여준 별명이 있었다.

"사고와 잘 헤어진 사람."

너무 멋진 별명 아닌가? 우리는 보통 사고와 잘 헤어지지 못한다. 그래서 10년 전의 어떤 상처와 못 헤어져서 트라우마에 시달리기도 하고, 여전히 우울과 상처가 올라오기도 한다. 그런데 이지선 교수는 자기 상처와 잘 헤어진 사람이라는 것이다.

나는 궁금했다. 그 과정에서 어떤 일들이 있었을까? 그러다 이지선 교수의 인터뷰 글을 보게 되었다. 이지선 교수는 이렇게 말했다.

"제가 누군가의 도움 없이는 살아갈 수 없는 상태에 빠졌을 때, 저를 향한 완벽한 도움의 손길이 있었습니다. 그 손길이 얼마나 귀하고 소중한지를 아니까 그 손길에 연결되지 못한 이들을 돕고 싶었습니다. 병원에 있으면서 그런 일을 할 수 있기를 바랐고, 그래서 공부해야겠다고 결심하게 되었습니다."

가장 완벽한 도움의 손길

누군가의 도움 없이는 살 수 없는 절망적인 상태에 빠졌을 때, 그가 경험한 완벽한 도움의 손길이 누구의 손길이었는지 나는 안다. 하나님이시다.

분당우리교회를 개척한 지 얼마 안 되었을 때 이지선 자매가 와서 간증을 했다. 벌써 20여 년 전이다. 그 자리에서 이지선 자매는 자기를 만나주시고 보듬어주신 하나님에 대한 간증을 펼쳐갔다.

20여 년의 시간이 흐른 후에 이지선 교수의 인터뷰를 보고 나는 '누군가의 도움 없이는 살아갈 수 없는 절망적인 상태에 빠졌을 때 완벽한 도움을 주신 그 손길'이 여전히 그의 삶에 역사하고 있음을 알 수 있었다. 그 손길이 이지선 자매를 모교의 교수로, 그것도 사회복지학 교수로 세워지게 한 것이다.

앞에서 언급했던 여 선교사님도 마찬가지다. 너무나 여렸던 여 선교사님이 두 자녀를 완벽하게 보호하며 놀라운 지도자가 될 수 있었던 비결 역시 여기에 있었다. 누구의 도움도 받기 어려운 상황에 처했을 때, 하나님께서 그를 인도해주셨기에 방황하는 아들을 향해 이런 확신에 찬 선언을 할 수 있었다.

"아들아, 엄마가 다 설명해줄게. 아빠가 왜 그렇게 일찍 가셔야만 했고, 우리 가정에 왜 이런 마라의 쓴 물이 와야만 했는지 엄마가 삶을 통해서 다 보여줄게."

나는 그게 무슨 의미인지 너무 잘 안다. 우리 어머니가 보여주셨기 때문이다.

우리가 가정에서, 직장에서, 우리가 속한 공동체에서 좋은 지도자가 되기를 바란다면 마라의 쓴 물을 만났을 때, 누군가의 도움 없이는 살아갈 수 없는 그 상황이 내게 닥쳤을 때 치료자 되시는 하나님을 기억하길 바란다.

"여호와 라파, 나는 너를 치료하는 하나님이다."

이것을 기억해야 한다. 이 간단한 사실을 기억해내는 것이 믿음이다.

나는 이 책에서 내버려두면 변질되는 것이 우리 신앙이고, 교회는 방치하면 현상유지적인 교회와 박물관 교회가 되어버리는데, 그것을 우리가 어떻게 막아야 하는지에 대해 계속 강조하고 있다. 우리 신앙이 변질되지 않으려면, 우리 교회가 박물관 교회가 되지 않으려면 우리가 애쓸 것이 많이 있지만, 그중 하나가 그 모든 것을 이론으로 받는 것이 아니라 실제 우리 삶 속에서 경험하는 것이다.

'오, 진짜 하나님이 치료자시네! 진짜로 하나님이 이런 상황에서 나를 위해 일하시네!'

이것을 경험하도록 돕는 교회가 좋은 교회이다. 성도들이 '우리 교

회는 치료하시는 하나님께서 일하시는 교회'라고 자부하는 교회가
되도록 해야 한다.

고난의 터널을 지날 때, 불필요한 에너지 낭비를 피하라

둘째, 우리가 고난의 터널을 지날 때 모세를 통해 배워야 할 것은,
'불필요한 에너지 낭비'를 피하는 것이다.

이것이 무슨 뜻인가?

"백성이 모세에게 원망하여 이르되"(출 15:24).

이것은 인간의 본능에서 찾아오는 가장 무서운 것이다. 심리학자
들이 '투사 심리'라는 인간의 본능을 자주 언급한다. 자기가 겪고 있
는 불행과 가슴 아픈 일의 원인을 남에게서 찾고자 하는 본능이 '투
사'이다. 나약한 인간이 가진 본능이다.

본문에서도 백성들은 뜬금없이 모세를 원망한다. 그 일이 어찌 모
세의 잘못인가? 사실 모세도 자기들과 똑같은 처지인데 말이다. 모
세도 이스라엘 백성과 똑같이 갈증을 느꼈고, 물이 썼다. 게다가 모
세가 잘못 인도해서 이런 일이 일어난 것이 아니지 않은가?

우리는 소모적이고 불필요한 낭비를 하곤 한다. 특히 고통 중에
있을 때는 더 많이 낭비한다. 부부간에 진짜 하나가 되어야 할 때는
당황스런 마라의 쓴 물을 만날 때다. 이럴 때일수록 부부는 한마음
이 되어 하나님께로 나아가야 한다. 이것이 기도이다. 그런데 실상
우리는 그때 가장 소모적이다.

"당신 때문이야. 무능한 당신 만나서 내가 이렇게 됐어"라고 상대방을 원망하는 일에 에너지를 낭비한다. 설령 그게 사실이라고 쳐도, 그렇게 윽박지르면 더 무능해지고 위축되기만 한다. 그렇기 때문에 어려운 일이 찾아올수록 부부는 함께 하나님을 찾아야 한다. 우리는 인생에서 불필요한 에너지를 자꾸 줄여나가야 한다. 특히 고난이 찾아올 때는 더더욱 말이다.

"모세가 여호와께 부르짖었더니"(출 15:25).

모세는 여호와께 부르짖었다. 자기를 원망하는 백성을 상대하는 데 에너지를 낭비하지 않았다.

사람이 아니라 하나님 앞에서 울라

언젠가 고난주간 즈음에 만났던 한 사모님이 계신다. 남편 목사님이 부교역자로 섬기는 교회에서 분쟁이 있었다고 한다. 그렇게 분쟁이 벌어지면 목사파, 장로파, 당회파 등으로 교회가 나뉘어 갈등을 겪게 되는데, 그때 가장 괴로운 사람이 부교역자다. 고래 싸움에 새우 등 터지는 것이다.

그 남편 목사님의 경우도 마찬가지였다. 교회가 어려움을 겪고 있는 과정에서 남편 목사님이 갑자기 돌아가셨다. 자세한 사정은 모르지만, 아마 그 과정에서 남편 목사님에게 스트레스가 극심했던 것 같다. 사모님 입장에서 감당하기 어려운 일이 벌어진 것이다.

최근에 우연히 이 사모님을 만났는데, 공교롭게도 그 사모님이 분당 우리교회에서 예배를 드리고 있다고 한다. 우리 교회에 등록하고 싶은데 등록을 받아주지 않아서 몰래 예배만 드리고 있다고 했다. 이런 상황에 놓인 사모님인데, 그 사모님을 만나 대화해 보니 놀랍다. 남편이 아무런 예고 없이, 너무나 갑자기 세상을 떠났는데, 그 일 후에 하나님이 주신 메시지가 있다고 한다.

"사람 앞에서 웃으라. 그리고 하나님 앞에서 울어라."

이스라엘 속담이라고 하는데, 이 한 문장을 하나님이 주셔서 이것을 붙들고 견고하게 설 수 있었다고 한다. 사람을 찾아 자신의 아픔과 고통을 털어놓는 것이 아닌 하나님 앞에 와서 통곡하며 기도하는 것으로 자신의 무거운 짐과 아픔을 내어놓을 수 있었다는 것이다. 놀라운 이야기 아닌가?

그 사모님에게 어린 두 자녀가 있는데, 견고한 중심으로 너무나 훌륭하게 잘 기르고 계신다. 하나님 앞에 나와 울며 기도함으로 그 모든 어려운 상황을 헤쳐나가고 계신 것이다. 고난의 때일수록 우리는 사람을 상대하느라 소요되는 불필요한 에너지를 줄여야 한다.

내게 불필요한 에너지를 줄여야 한다는 것을 가르쳐주신 어느 목사님의 일화가 또 있다. 가출한 청소년이나 버려진 아이들을 돌보는 사역을 하셨던 분인데, 어느 날 이 목사님에게 충격적인 일이 발생했다. 새아버지와 의붓오빠에게 성폭행을 당하던 한 여학생을 돌보아 주었는데, 그 아이가 중3인가 되었을 때 군대에서 휴가 나온 의붓오빠와 함께 지내다 몹쓸 성병에까지 걸렸다고 한다. 그 사실을 알게 된 학교에서 어떻게 된 일인지 추궁하자 그 여학생은 자신을 돌봐주던 그 목사님을 범인으로 지목했다. 너무나 억울한 일을 당한 것이다.

그 후 어떤 일이 벌어졌는지 상상이 되지 않는가? 난리가 났다. 그 이후에 이 목사님이 겪어야 했던 수치스러운 일들은 감당하기 어려운 것들이었다. 주변 사람들의 비난과 조롱의 눈초리를 어떻게 감당했을까? 명예와 신뢰가 중요한 목회자 입장에서 견디기 힘든 모함을 당한 것이다. 그런데 얼마 있다가 그 여학생이 목사님을 찾아왔다. 아마 죄책감으로 괴로워서 찾아왔던 것 같다. 아무리 철딱서니 없는 아이라도 고마운 한 사람을 매장해 놓았으니 마음이 괴로웠을 것이다. 그 여학생이 찾아와서는 울면서 무서워서 거짓말을 했다고, 왜 사실이 아니라고 말하지 않았느냐고 얘기했단다.

보통 이러면 "지금이라도 경찰서에 가서 사실을 밝혀라"라고 요구할 텐데, 이런 상황에서 보인 그 목사님의 반응이 놀라웠다. 그 아이의 처절한 고백을 듣고서 목사님이 하신 말씀이 이랬다.

"쉿, 너 학교에 가서 이 얘기 하지 마라. 그러면 너 퇴학 당해."

나중에 결말이 어떻게 되었는가 하니, 죄책감에 시달리던 아이가 결국 학교에 가서 선생님에게 사실을 말했고, 오해는 풀리게 되었다고 한다.

하나님이 치유하시면 원망이 사라진다

나는 이 일화를 읽고 충격을 받았다. 이런 일이 어떻게 가능했을까? 본문을 묵상하다가 그 목사님이 떠올랐던 이유가 바로 이것이다.

그 분은 모세처럼 부르짖었을 것이다. 억울하다고, 죽을 것 같다고, 도대체 성폭행범이 무슨 말이냐고. 내가 목사인데 미성년자를 성폭행한 사람으로 모함당하는 게 무슨 일이냐고 부르짖었을 것이다. 모세가 여호와께 부르짖듯이 부르짖었을 것이다. 부르짖었더니 어떤 일이 일어났겠는가? 여호와 라파, 치료하시는 하나님께서 "나는 너를 치료하는 하나님이다"라고 말씀하셨을 것이다. 그래서 목사님 마음이 치유됐을 것이다. 하나님에 의해 마음이 치유되니 그 여학생이 불쌍해진 것이다. 상대방을 향한 긍휼함! 이것은 모든 문제를 푸는 마스터키와 같은 것이다.

부부가 함께 살아가다 보면 상대방에게 상처를 받을 때가 있다. 그럴 때 하나님께 나아가 기도하면 하나님께서 그 상한 마음을 어루만져주신다. 하나님께서 상한 마음을 만져주셔서 치유가 되면 내게 아픔을 준 배우자가 불쌍해져서 쉽게 용서와 화해가 이루어진다. 그래서 '부부간에 가장 중요한 것은 상대방을 긍휼히 여기는 마음을 갖는 것이다'라는 말을 자주 한다. 내게 아픔을 준 상대방을 향한 긍휼한 마음은 하나님께서 주시는 선물이다.

그러니 우리는 사람을 상대하지 말고 하나님께 나아가야 한다. 그때 치료하시는 하나님이 이런 일까지도 가능하게 하신다. 신앙 생활하는 즐거움이란 이런 것이다.

이런 일이 가능하도록 치료자 되시는 하나님을 바라보자. 고난의 광야를 지날 때, 고통의 터널을 지날 때 치료하시는 하나님을 기억하자. 그리고 그 하나님께 부르짖자. 사람을 원망하는 대신 우리를 위해 예수님을 십자가에 달리게 하신 하나님을 바라보자.

그 하나님이 마라의 쓴 물을 달게 해주실 것이다. 그 구원의 감격이 우리를 기쁨으로 인도해주실 것이다.

8
chapter

거룩을 추구하는 교회

> " 행복을 위해
> 거룩의 선을 그으라 "

디모데후서 2장 20-22절

²⁰ 큰 집에는 금그릇과 은그릇뿐 아니라 나무그릇과 질그릇도 있어 귀하게 쓰는 것도 있고 천하게 쓰는 것도 있나니 ²¹ 그러므로 누구든지 이런 것에서 자기를 깨끗하게 하면 귀히 쓰는 그릇이 되어 거룩하고 주인의 쓰심에 합당하며 모든 선한 일에 준비함이 되리라 ²² 또한 너는 청년의 정욕을 피하고 주를 깨끗한 마음으로 부르는 자들과 함께 의와 믿음과 사랑과 화평을 따르라

기독교 신문에 실린 칼럼을 읽었는데, 그 칼럼은 이렇게 시작했다.

"만만한 게 기독교다. 대중의 집단 광기와 분노의 배설 창구가 된 듯하다."

그러면서 최근 드라마들을 쭉 나열했다.

"목사의 딸이 마약 중독자로 등장하는 '더 글로리'와 '수리남', '지금 우리 학교는', '지옥', '오징어 게임' 등 요즘 넷플릭스에 등장하는 자극적인 드라마의 패턴은 과장하면 '기승전 기독교'다."

칼럼이 무엇을 말하고자 하는지 금세 파악이 되지 않는가? 사실 나도 이런 점을 우려하고 있다. 그 칼럼에서도 언급된 한 드라마는 마약 중독자를 목사의 딸로 설정해놓고 예배를 조롱하는 장면을 반복적으로 교차해서 보여준다. 예배당에선 한창 예배를 드리고 있는데, 담임목사 딸이 그 교회 지하에서 마약을 하고 있는 모습을 교차해서 보여주는 의도는 명백하다. 기독교인의 이중적인 태도를 비꼬는 것이다.

그런가 하면 '실화를 바탕으로 한 영화'라는 점을 강조해서 홍보했던 한 영화는, 결정적으로 실화와 다른 허구적 설정을 하나 집어넣었는데, 악당인 범죄자를 악한 목사로 설정한 것이다. 그래서 그 악한 목사가 탐욕에 눈이 멀어서 마약을 팔고, 성도들을 감금하고, 노동력을 착취하는 장면들이 묘사되고 있다. 아니, 실화를 바탕으로 했다면서 왜 뜬금없이 마약 파는 허구 목사를 등장시키는 걸까?

이런 것들을 보면 그 칼럼에서 강조하는 것처럼 요즘은 교회가 동네북이 된 것 같다.

사실 감독이나 작가들에게 가장 중요한 것은 시청률이다. 교회를 비하하고 목사를 비난하는 연출을 하는 이유는, 그렇게 연출했을 때 관객들이 호응할 것이라는 계산이 있기 때문인 것이다. 목회자로서 나는 이런 현상들이 마음 아프기도 하고 화가 나기도 한다. 어쩌다 이렇게 되었을까?

세상이 빛을 배척한다?

그 칼럼을 읽으면서 요한복음 17장에 나오는 예수님의 기도가 떠올랐다. 14절에 이런 내용이 나온다.

내가 아버지의 말씀을 그들에게 주었사오매 세상이 그들을 미워하였사오니 이는 내가 세상에 속하지 아니함같이 그들도 세상에 속하지 아니함으로 인함이니이다 요 17:14

요한복음의 흐름을 보면, 예수님이 주시는 이 말씀이 무엇을 강조하고자 하는지 알 수 있다. 빛 되신 예수님이 이 세상에 오셨지만, 세상은 예수님을 영접하지 않는다. 왜 영접하지 않는가? 빛으로 오신 주님이 자꾸 어둠의 세상을 지적하시기 때문이다. 이런 이유 때문에 세상은 예수님을 환영하지 않는다. 환영하지 않는 정도가 아니라 예수님을 배척하고 미워한다. 그러면서 주님은 제자들을 포함한 예수님을 믿는 그리스도인들에 대해서도 '세상이 너희들을 미워할 것'이라고 말씀하신다.

그런데 문제는, 지금 우리가 겪고 있는 조롱과 비난은 우리가 예수님이 원하시는 '소금과 빛'의 역할을 잘 해내고 있기에 받는 것이 아니라는 것이다. 오히려 그 반대다.

세상은 크리스천을 향해 이런 말을 한다.

"너희들은 빛이라고 하면서 우리랑 뭐가 다르냐? 교회가 빛이라고? 내가 보기엔 교회가 더 어두운 것 같다."

이런 식의 비아냥이 넘친다. 교회를 향한 부정적인 인식들이 작가나 감독들로 하여금 교회를 비웃고 조롱하는 소재를 유행처럼 쓰게 만든 결과를 가져오게 한 것 아닌가?

이런 현실 앞에서 우리는 어떻게 해야 하는가? "자, 피켓 들고 방송국에 항의하러 갑시다" 하면서 우르르 몰려가서 데모라도 하겠는가? 그럴 수는 없다. 그렇다면 어떻게 해야 하는가?

우리는 그런 세상을 향해 물리적으로 반응하고 어떤 힘과 압력을 행사하는 게 아니라, 왜 이런 가슴 아픈 현상이 일어났는지를 잘 분석해야 한다. 문제의 원인이 '소금과 빛'의 역할을 제대로 하지 못한 결과임을 정직하게 고백해야 한다.

하나님의 가치관 vs 세상의 가치관

나는 목회자로서 이런 현실에 대한 고민이 많다. 그러다 보니 스스로에게 자주 질문한다. 도대체 무엇이 잘못된 것인가? 이렇게 된 원인이 어디서부터 시작된 것인가?

이런 질문을 가지고 고민할 때마다 떠올리는 말씀이 있다. 디모데후서 2장 20,21절이다.

> 큰 집에는 금그릇과 은그릇뿐 아니라 나무그릇과 질그릇도 있어 귀하게 쓰는 것도 있고 천하게 쓰는 것도 있나니 그러므로 누구든지 이런 것에서 자기를 깨끗하게 하면 귀히 쓰는 그릇이 되어 거룩하고 주인의 쓰심에 합당하며 모든 선한 일에 준비함이 되리라 **딤후 2:20,21**

이 말씀이 강조하는 포인트가 무엇인가? 하나님이 추구하시는 것과 이 세상이 추구하는 것이 완전히 다르다는 것이다. 세상은 성공을 추구하고 힘을 추구한다. 인기를 추구하고, 겉으로 보이는 화려함을 추구한다. 하지만 하나님은 크고 화려한 것이 아니라 깨끗하고 거룩한 것에 관심을 가지신다.

"모로 가도 서울만 가면 된다"라는 속담이 있다. 국어사전을 찾아봤더니, 뜻을 이렇게 풀이해놓았다.

"무슨 수단이나 방법으로로라도 목적만 이루면 된다."

비슷한 속담으로 "꿩 잡는 것이 매다"라는 게 있다. 이것도 사전을 찾아보았더니 이렇게 풀이하고 있었다.

"방법이 어떻든 간에 목적을 이루는 것이 가장 중요함을 비유적으로 이루는 말이다."

불법으로 가든지 합법으로 가든지 어느 길이든 상관없이 목적지인 서울에만 도착하면 된다거나, 악한 방법을 쓰든지 잔인한 방법을 쓰든지 가리지 않고 꿩 잡는 게 중요하다는 생각은 세상이 가진 '결과 지상주의' 가치관을 대변하는 대표적인 속담들이다. 그러나 하나님의 가치관은 설령 서울에 못 가는 한이 있더라도, 꿩을 못 잡는 한이 있더라도 악한 방법, 나쁜 방법, 불법은 안 된다는 것이다. 이것이 하나님이 원하시는 깨끗한 그릇이다.

어떤 가치관으로 살아가고 있는가?

자, 그러면 가슴에 손을 얹고 우리 스스로에게 물어보자. 우리는 지금 그리스도인으로서 하나님의 가치관에 영향을 더 받고 사는가, 아니면 세상의 가치관에 영향을 더 받고 사는가?

'아니, 큰 그릇만 되면 됐지 무슨 말이 이렇게 많아? 돈만 벌면 됐지 양심은 왜 따져? 난 돈 버는 게 목표야. 돈 벌 수 있는데 불량식품이면 좀 어때?'

이런 식의 극단적인 태도는 아니더라도 세상의 가치관과 적당히

타협하며 사는 삶에 익숙해 있지는 않은가?

나부터 고백하자면, 나는 아직도 이런 본능으로부터 자유롭지 못하다. 그래서 나의 본능과 싸우는 것이다. 사실 나는 수많은 성도들을 대상으로 목회하는 것보다 나 한 사람을 다스리는 일이 훨씬 어렵다. 목회가 왜 힘든지 아는가? 심방이 많아서, 설교가 힘들어서, 일이 많아서 힘든 게 아니다. 나의 내면에서 꿈틀거리는 본능과 싸우는 게 가장 힘들다. 이 문제에 있어서는 누구도 자유로울 수 없다.

이런 고뇌는 사도 바울에게도 있었다. 바울이 뭐라고 고백했는가?

> 오호라 나는 곤고한 사람이로다 이 사망의 몸에서 누가 나를 건져내랴 **롬 7:24**

이 고백을 다른 말로 표현하면 '난 구제불능이야. 아무리 노력해도 안 돼'란 말이다. 우리가 위대한 사도로 인정하는 바울도 이런 고백을 한 것이다. 바울이 이렇다면 우리는 어떻겠는가?

하나님이 정말 원하시는 것

구약의 미가서 6장 6,7절 말씀도 마찬가지다.

> 내가 무엇을 가지고 여호와 앞에 나아가며 높으신 하나님께 경배할까 내가 번제물로 일 년 된 송아지를 가지고 그 앞에 나아갈까 여호

와께서 천천의 숫양이나 만만의 강물 같은 기름을 기뻐하실까 내 허물을 위하여 내 맏아들을, 내 영혼의 죄로 말미암아 내 몸의 열매를 드릴까 미 6:6,7

하나님께 물량 공세 하겠다는 것 아닌가? 하나님께 이것도 드리고 저것도 드리고 어마어마하게 드리면 '하나님이 이걸 보고 봐주시지 않을까?' 하는 태도다. 규모가 어마어마하다. 그런데 하나님께서는 이런 사람의 태도에 대해 아래와 같은 교정의 말씀을 주신다.

사람아 주께서 선한 것이 무엇임을 네게 보이셨나니 여호와께서 네게 구하시는 것은 오직 정의를 행하며 인자를 사랑하며 겸손하게 네 하나님과 함께 행하는 것이 아니냐 미 6:8

하나님이 "사람아"라고 부르시며, "선한 것이 무엇임을 네게 보이셨나니"라고 하신다. 이미 다 알려주셨다는 것이다. 나는 종종 "사람아" 대신에 내 이름을 넣어서 읽곤 한다.

"찬수야 주께서 선한 것이 무엇임을 네게 보이셨나니."

왜 거기에 내 이름을 넣어서 읽고 묵상하는가? 하나님께서 이미 나에게 가르쳐주신 "오직 정의를 행하며 인자를 사랑하며 겸손하게 네 하나님과 함께 행하는 것이 아니냐"라는 말씀을 지키기 위해서다.

교회에 세상 가치관이 흐르면 세상이 알아본다

교회가 세상 사람들에게 조롱당하는 일들을 막아야 한다. 목사 딸이 마약 중독자로 그려지고, 목사가 마약 팔고 성도들을 대상으로 노동 착취를 하는 범죄자로 나오는 묘사가 계속되는 것을 막아야 한다. 그것이 가능하도록 우리 자신들의 모습을 점검해야 한다. 우리도 모르게 세상 가치관의 영향력 아래 놓여 있지는 않은지 두려워해야 한다. 목회자인 나도 마찬가지다.

나는 헌금 많이 하는 성도에게 VIP 대접을 하고, 그런 성도가 교회를 떠나게 될까 봐 노심초사하는 저질 목회자가 될까 봐 두렵다. 그래서 나는 애써 성도들의 헌금 내역에 무관심하려고 한다.

교회에서 자꾸 그런 것으로 사람을 판단하기 시작하고, 교회에서조차 그런 외적인 조건으로 그 사람의 값어치를 따지게 된다면 세상과 다를 바 없지 않은가? 교회가 하나님의 가치관이 아닌 세상의 가치관으로 흐르는 것을 막아야 한다. 하나님께서 제시하시는 '하나님 나라의 가치관' 외에 다른 세상 가치관이 끼어들지 않도록 최선을 다해 막아야 한다. 그래야 교회를 향한 세상의 조롱을 중단시킬 수 있다.

예수님은 바리새인들을 몹시 싫어하셨다. 그들은 자타공인 거룩한 행실의 대명사였다. 거룩하게 행동했고, 율법을 잘 지켰다. 거룩하면 좋은 건데 주님은 왜 그렇게 그들을 싫어하셨는가? 왜냐하면 그들의 내면은 세상 가치관으로 꽉 차 있으면서 겉으로는 거룩한 척하며 거룩한 목소리를 내던 자들이었기 때문이다. 거룩해 보이기 위해 사람 많은 곳에서 거룩한 말들을 하는 자들이었기 때문이다.

그러므로 그런 척 시늉하는 태도가 아니라 마음 깊은 곳에서 우러나오는 목마름과 갈망을 가지고 변화를 추구해야 한다. 우리 삶을 정직하게 돌아보자. 세상 사람들에게 오해 받을 빌미를 누가 제공하고 있는가? 크리스천들이 세상 가치관을 가지고 살아가면 세상이 알아챈다. 그리고 우리 주님이 아신다. 우리는 이 기준에서 우리 자신을 정직하게 돌아봐야 한다.

거룩하신 하나님은 거룩을 요구하신다

구약 말씀을 보면, 하나님의 성품이나 속성에 따라 그분의 여러 이름이 등장한다. '여호와 라파'는 치유하시는 하나님, '여호와 닛시'는 승리하신 하나님, '여호와 살롬'은 평강의 하나님인 것처럼 말이다. 이렇게 하나님의 성품의 속성에 따라 그분을 여러 가지 이름으로 부르는데, 구약의 하나님의 모든 성품과 속성을 모아서 딱 하나로 정리해보라고 하면 이렇게 정리할 수 있다.

"거룩하신 하나님."

하나님의 성품과 속성은 '거룩'이다. 이 사실을 잊어서는 안 된다. 그리고 더 깊이 기억해야 할 것은, 하나님은 하나님 자신이 거룩한 분이실 뿐 아니라 그분을 따르는 백성들도 거룩하기를 원하신다는 점이다.

나는 너희의 하나님이 되려고 너희를 애굽 땅에서 인도하여 낸 여호와라 내가 거룩하니 너희도 거룩할지어다 레 11:45

무엇이 거룩인가? "내가 거룩하니 너희도 거룩할지어다"라고 하신 것처럼, 거룩하신 하나님의 길을 따라가는 것이 '거룩'이다.

예수 믿는 우리는 거룩을 추구해야 한다. 세상을 추구하지 말아야 한다. 교회는 거룩을 추구해야 한다. 세상 가치관이 교회 안에서 흐르게 내버려두면 안 된다.

나는 우리 교회가 큰 교회, 작은 교회가 아니라 그저 거룩한 교회가 되기를 바라고 기도한다. 우리가 거룩을 추구하면 하나님은 그 일이 가능하도록 도우신다. 그래서 조금씩 조금씩 '거룩으로의 성장'이 이루어지다 보면 지금과 같은 조롱도 사라지게 될 줄 믿는다. 영화감독이 필요도 없는 교회를 조롱하는 장면을 넣었을 때 "요새 교회가 얼마나 바뀌었는데, 저 장면은 너무 현실성이 떨어지잖아"라고 관객들이 외면하는 일이 일어나길 기도한다. 그리고 나는 이런 날을 꿈꾼다.

가끔씩 "분당우리교회 성도들은 다르던데요"라는 말을 들을 때가 있는데, 그런 말을 들은 날은 기쁨이 넘친다. 이 이상의 기쁜 칭찬이 또 있겠는가? 이런 점에서 나는 "교회 다니는 사람은 뭔가 다르네요. 정직하고 깨끗하네요"라는 칭찬이 일상이 되는 날이 오기를 갈망하며 기도한다. 우리는 세상과 달라야 한다.

신약에서도 이렇게 말한다.

오직 너희를 부르신 거룩한 이처럼 너희도 모든 행실에 거룩한 자가
되라 벧전 1:15

여기서도 하나님을 '거룩한 이'라고 표현하며 우리를 향해 "모든
행실에 거룩한 자가 되라"라고 한다. 심지어 히브리서 12장 14절은
이렇게 말하고 있다.

모든 사람과 더불어 화평함과 거룩함을 따르라 이것이 없이는 아무
도 주를 보지 못하리라 히 12:14

거룩을 추구하지 않고는 주님을 보지 못한다는 이 말씀이 무섭지
않은가?
이 말씀이 무섭다면, 하나님의 임재를 사모하기 위해 '세상 가치관
과 세상을 향한 발걸음'을 멈추고 "모든 사람과 더불어 화평함과 거
룩함을 따르라"라고 명하시는 하나님 말씀에 귀 기울여야 한다. 그
래서 이 땅의 교회들과 크리스천들이 비록 서울에 못 가는 한이 있더
라도 잘못된 방법은 절대 사용하지 않는 공동체로 자리 잡아야 한
다. 교회는 어떤 경우라도 거룩과 정직을 놓치지 않는 공동체라는
사실을 세상 사람들이 인정하도록 해야 한다.

펠러브레이션

최근에 '펠러브레이션'(Felebration)이라는 재미있는 단어를 알게 됐다. 이 단어는 아세아연합신학대학교의 이한영 교수님이 만든 단어인데, 그 유래가 재미있다. 이 교수님의 딸이 고등학교 2학년 때 있었던 일이라고 한다. 추측건대 미국 유학 중에 있었던 일이지 않았을까 싶다. 딸에게 좋은 대학교에 대한 목표가 있었던 것 같다.

"난 그 학교에 갈 거야."

그런데 딸이 성적표를 받아왔는데 입시와 관련하여 굉장히 중요한 과목에서 F 학점을 받아왔다. 그 성적표를 보고 딸은 물론이고 부모님도 큰 충격을 받았다. 예배를 드리는데 엄마인 사모님이 계속 우시더란다. 예배가 끝나고 교수님이 물었다.

"왜 그렇게 울었어?"

그랬더니 사모님의 대답이 이랬다.

"우리가 딸에게 거짓말을 했잖아요. 우리는 항상 '너는 하나님의 딸이라고, 너의 존재 자체로 우리는 너를 너무 사랑한다'고 말해왔는데, 딸이 F를 받아오고 나니 그게 사실이 아닌 것을 알았어요."

이것이 너무 괴로워서 예배 시간에 그렇게 울었다는 것이다. 이 얘기를 듣고 교수님도 회개를 많이 했다고 한다. 집에 갔더니 딸이 이불을 덮어쓰고 있었다. 싫다는 아이를 억지로 데리고 나가 식당에 갔다. 그러고는 식당에 앉자마자 교수님이 딸에게 이렇게 말했다.

"아빠가 여기에 왜 왔는지 아니?"

"아뇨. 왜 왔는데요?"

궁금해하는 딸에게 교수님은 말했다.

"펠러브레이션(Felebration) 하려고 왔어."

"펠러브레이션이 뭔데요?"

그러자 교수님이 딸에게 설명을 해줬다. 영어 스펠링을 가지고 워드 플레이를 한 것이다.

"네가 C 학점을 받아왔으면 셀러브레이션(Celebration) 했을 텐데, F 학점을 받아와서 펠러브레이션(Felebration) 하는 거야. F 받은 걸 축하하기 위해 여기 온 거야."

그러면서 딸에게 이렇게 덧붙였다.

"아빠가 회개할 게 하나 있어"라고 하면서 엄마와 똑같은 이야기를 딸에게 해주었다.

"아빠가 그동안 너는 하나님의 딸이고, 네가 정직하고 열심히만 하면 성적은 아무 상관 없다고 이야기했는데, 그게 사실은 거짓말이었다. 네가 이번에 F를 안 맞았으면 아빠는 평생 너에게 거짓말하며 살았을 거야. 그런데 오늘은 정말이야. 오늘은 아빠가 너를 펠러브레이션 해주는 거야."

그러고는 물어보셨다.

"그런데 너 왜 F를 받았니?"

성적에 관심을 안 두기로 했으면서도 어쩔 수 없이 궁금한 것이 부모인 것 같다. 아빠의 질문에 딸이 정말 아름다운 말을 했다. 워낙 중요한 과목이어서 그랬는지 모르겠지만, 커닝페이퍼가 돌았다고 한다. 꽤 많은 아이들이 그것을 베꼈고, 딸에게도 왔는데 '나는 부정행

위 안 해' 하고는 그 커닝페이퍼를 던져버렸다는 것이다. 그리고 F를 받았다.

이런 일이 있고 입시생이 되었다. 미국 대학 입시에서는 에세이를 쓰는 게 중요한데, 딸이 쓴 입시 에세이의 제목이 '펠러브레이션'이었다. 미국은 창의적인 것을 매우 중요하게 보는데, 낯선 단어이니 교수님이 관심을 가지고 봤던 것 같다.

그 에세이에서 딸은 1년 전에 있었던 일들을 쭉 썼다. 자기가 정직하기 위해 커닝을 안 하고 F 학점을 받았는데, 아빠가 F를 받아왔다고 '셀러브레이션'이 아니라 '펠러브레이션'을 해주셨다고. 그러면서 마무리 부분에 이렇게 썼다고 한다.

"이 세상을 정직하게 살 때 실패할 수도 있습니다. 저는 수학을 못하지만 열심히 합니다. 만약에 저를 뽑아주시면 열심히 공부해서 그런 사람들을 펠러브레이션 해주는 사람이 되겠습니다."

그 교수님의 말씀에 따르면, 딸은 점수가 약간 모자랐는데 합격을 했다고 한다. '펠러브레이션'이라는 단어 자체가 굉장히 창의적인데다가 정직을 강조한 에세이가 인정을 받았을 것이다.

나는 우리 성도들의 가정에 이런 일이 많이 일어나면 좋겠다. 그래도 우리가 예수 믿는 사람 아닌가? 예수 믿는 부모들 아닌가? 정직하게 행하다가 F를 받아와도 여전히 소중한 자녀로 자랑스러워하고 펠러브레이션 해주는 일들이 우리 가정에서 더 많이 일어나면 좋겠다. 이것이 하나님의 가치관을 따르는 삶이다.

거룩의 선을 그으라

우리는 지금 한국 교회가 현상유지적인 교회가 되고 박물관 교회로 전락하는 일을 막기 위한 대안들을 계속 살펴보고 있는데, 지금 살펴보고 있는 '거룩을 회복하는 것'이 가장 중요한 대안 중 하나다. 우리는 거룩을 회복해야 한다.

거룩은 다른 말로 '세상과의 차별화'다. 히브리어로 '거룩'은 '카도쉬'인데, 이 단어의 어원적 의미는 '구별된 것'이란 뜻이다. 또한 '성도'는 '거룩한 무리'를 뜻하는데, 세상과 구별된 사람들인 것이다.

거룩을 지키기 위해 우리는 세상의 가치관에 자꾸 선을 그어야 한다. 세상 속에서 살아가는 우리이기에 세상 가치관에 전혀 영향을 받지 않는 무공해 상태로 살 수는 없다 할지라도, 자꾸 선을 그으려고 애써야 한다. 서울에 못 가도, 꿩을 못 잡아도, A 학점을 못 받아도 하나님의 정직과 하나님의 거룩을 추구하고 몸부림치는 개인과 교회 공동체가 되어야 한다. 우리가 거룩을 추구할 때 우리 개인의 삶과 신앙이 세상 가치관으로 물드는 것을 막을 수 있다. 또한 우리 교회와 믿는 자들의 공동체가 변질되는 것을 막을 수 있다.

우리 인생의 목적은 행복이 아니라 거룩이다. 이 사실을 잊어서는 안 된다. 이 땅은 행복하기 위해 있는 곳이 아니라 거룩과 성숙을 연습하기 위한 곳이다. 참 행복은 주님 나라에 가서 이루어지는 것이다. 우리는 주님 심부름으로 이 땅에 출장 와 있는 사람들이다. 서울 사는 사람이 부산에 3일 출장 갔는데, 그 시간에 꼭 행복해야 하는가? 부산엔 일하러 간 것이다. 우리는 지금 하나님 앞에서 무엇을 추구하고 있는가? 행복은 하나님나라에서 이루어지는 것이고, 이 땅은 사명을 이루기 위해, 거룩을 추구하기 위해 있는 곳임을 기억하자.

이 사실을 기억하는 사람들이 늘어갈 때 이 땅의 교회는 결코 '박물관 교회'로 전락하지 않을 것이다.

함께 거룩을 추구하라

우리의 신앙이 변질되는 것을 막고 교회가 현상유지적인 교회나 박물관 교회로 전락하는 것을 막기 위해, 거룩과 관련하여 우리가 염두에 둬야 할 것이 두 가지가 있다.

첫째, '함께' 거룩을 추구해야 한다. 교회는 함께 거룩을 추구하는 공동체다.

디모데후서 2장 22절이 그 내용을 설명한다.

> 또한 너는 청년의 정욕을 피하고 주를 깨끗한 마음으로 부르는 자들과 '함께' 의와 믿음과 사랑과 화평을 따르라 딤후 2:22

우리는 '청년의 정욕'으로 상징되는 악한 세상 가치관과 싸워야 하는데, 혼자는 역부족이다. 함께 싸워야 한다. 그렇기 때문에 건강한 교회 공동체가 중요하고, 교회 안에서 이뤄지는 건강한 소그룹 모임이 중요하다. 함께 싸우지 않고는 청년의 정욕을 이길 수 없다.

최근에 있었던 일이다. 주일을 앞두고 설교를 정리하고 있는데, 교구 목사님에게 메일이 왔다. 어느 순장님이 자신이 섬기는 다락방에 초신자가 다섯 명이나 되어 힘들다고 하셨는데, 최근에는 이 초신자들이 너무 귀하고 너무 은혜롭다면서 연락을 주었다고 한다.

그 다락방에 '자기는 아직도 하나님이 안 믿어진다'고 하는 초신자가 있었다. 돌아가면서 대표기도를 하는데, 그날 그 초신자가 기도할 차례였던 것 같다. 그 초신자는 이렇게 기도했다고 한다.

"하나님, 저는 하나님이 아직은 잘 안 믿어집니다. 하지만 저는 이곳이 참 좋습니다. 하나님의 말씀을 배우며 서로 마음을 열고 위로하며 공감받는 이곳이 정말 좋습니다."

너무 솔직한 기도 아닌가? 그리고 이어지는 기도가 눈물이 날 만큼 감동적이다. 그날 모임을 하면서 나눔을 하다 보니 유난히 힘든 일을 겪고 있는 사람들이 많았는데, 하나님이 아직 안 믿어진다는 초신자가 울면서 이렇게 기도하더란다.

"여기 있는 다른 분들은 하나님을 의지하고 믿고 계시니까 이분들을 하나님이 좀 잘 지켜주세요."

이 기도를 들으며 참석한 모두가 울었다고 한다.

이것이 '함께'의 힘이다. 함께 울고 함께 웃고 격려 받고 용기를 얻고 힘을 얻는 곳, 아직 하나님이 믿어지지도 않는 초신자의 기도로도 위로를 하고 위로를 받는 일이 일어나는 곳이 믿는 자들이 함께하는 교회 공동체다.

이런 일이 일어나기 위해서는 거룩을 추구하는 공동체가 되어야 한다. 거짓말하지 않으려고 몸부림치는 사람들이 모인 곳이 되어야 한다. 만약 초신자가 다락방 모임에 왔는데 실제 삶은 거짓말이 넘치면서 입으로만 거룩한 말들을 했다면 그런 기도를 할 수 있었겠는가?

교회는 부자와 가난한 자를 구분하는 곳이 아니다. 권력을 가진 자와 그렇지 않은 자를 구분하는 곳이 아니다. 교회는 함께 거룩을 추구하는 곳이다. 아직 하나님이 잘 안 믿어져도, 예수님을 믿은 지 얼마 안 된 자라도 거룩은 추구할 수 있다. 우리가 하나님의 성품인 거룩을 추구하면, 하나님이 보인다.

거룩의 출처가 하나님이심을 기억하라

둘째, '거룩의 출처가 하나님'이라는 것을 기억해야 한다. 교회는 거룩의 출처가 하나님이심을 아는 공동체다.

요즘은 특히 출처가 중요하다. 어떤 책을 보고 인용하여 설교를 할 때, 그것을 내가 연구하고 생각해 낸 것처럼 말하면 안 된다. 거룩도 마찬가지다. 거룩의 출처는 우리가 아니라 하나님이시다.

본문 21절에 그 내용이 나온다.

> 그러므로 누구든지 이런 것에서 자기를 깨끗하게 하면 귀히 쓰는 그릇이 되어 거룩하고 주인의 쓰심에 합당하며 딤후 2:21

사실 이 구절의 한국어 번역이 조금 아쉬운 부분이 있다. 여기서

'거룩하고'가 한글 성경에는 능동태로 되어 있는데, 이 부분을 헬라어로 보면 수동태로 되어 있다. 그래서 원어에 조금 더 가깝게 번역을 해보면 '거룩하게 하고'이다. 하나님이 거룩하게 하신 것이다. 출처가 하나님이시다.

이것을 잘 알았던 사람이 사도 바울이다. 고린도후서 4장 7절의 바울의 고백을 보라. 바울은 자신의 존재를 이렇게 표현했다.

우리가 이 보배를 질그릇에 가졌으니… 고후 4:7

바울은 정체성이 매우 분명했다. 자기는 깨지기 쉬운 질그릇이란 사실을 분명히 했다. 하지만 바울은 그것으로 끝내지 않고 부연 설명하기를, 비록 자신은 질그릇같이 깨지기 쉬운 연약함이 있지만, 연약한 자기 안에 보배 되신 예수 그리스도가 계신다고 고백했다. 이것이 바울이 가진 정체성이다. 무엇이 자기를 강하게 하는지 그 출처를 정확하게 알고 있던 사람이 바울이다.

나도 내가 질그릇임을 안다. 그래서 나의 약함을 고백하는 게 부끄럽지 않다. 우리 중에 질그릇 아닌 사람이 누가 있는가? 내가 질그릇임을 인정할 때, 보배 되시는 그분을 의지하게 된다. 그래서 바울은 이렇게 고백한다.

이는 심히 큰 능력은 하나님께 있고 우리에게 있지 아니함을 알게 하려 함이라 고후 4:7

내가 질그릇임을 아는 자만이 심히 큰 능력이 하나님께 있음을 알게 된다. 또한 거룩의 출처가 하나님이심을 정확하게 인정하는 사람만이 거룩이신 하나님을 만날 수 있다. 그것을 가르치는 곳이 교회다.

자신이 질그릇인 것을 부끄러워하지 말라. 약한 질그릇 안에서 일하시는 보배 되시는 그리스도를 기억하라. 목사인 나도 질그릇이다. 그러나 보배를 품고 있는 질그릇이다. 그러므로 누군가가 나에게서 장점을 발견한다면 그것은 내가 아니라 내 안에 계신 보배 되신 예수 그리스도시다.

"이 세상을 살아가는 동안에 나의 힘을 의지할 수 없으니 기도하고 낙심하지 말 것은 주께서 참 소망이 되심이라"라는 찬양 가사가 있다. 우리가 나의 힘을 의지할 수 없는 것은 그 출처가 나에게 있는 것이 아니기 때문이다.

그렇기 때문에 연약한 나를 보며 낙심하고 절망할 것이 아니라 보배 되신 주님께 기도하며 낙심하지 않는 길을 택해야 한다. 거룩의 출처가 되시고 거룩의 능력이 되시는 주님이 참 소망이 되시도록 해야 한다. 그분을 의지하며 나아가는 지혜로운 삶을 선택하자.

9
chapter

대안 8

강한 군사가 모인 교회

" 후회 없이 살려면
목숨을 걸어라 **"**

디모데후서 2장 1-4절

[1] 내 아들아 그러므로 너는 그리스도 예수 안에 있는 은혜 가운데서 강하고 [2] 또 네가 많은 증인 앞에서 내게 들은 바를 충성된 사람들에게 부탁하라 그들이 또 다른 사람들을 가르칠 수 있으리라 [3] 너는 그리스도 예수의 좋은 병사로 나와 함께 고난을 받으라 [4] 병사로 복무하는 자는 자기 생활에 얽매이는 자가 하나도 없나니 이는 병사로 모집한 자를 기쁘게 하려 함이라

사무엘하 6장에 상징적인 사건 하나가 등장한다. 하나님의 임재를 상징하는 언약궤가 다윗 성으로 들어올 때 당시 왕이었던 다윗은 그 사실이 너무나 기쁘고 감사했다. 그 감격이 얼마나 컸던지 왕으로서의 체면을 차릴 새가 없었다. 그 기쁨을 감출 수 없어서 바지가 흘러내릴 정도로 격렬하게 춤을 추며 기뻐했는데, 그의 아내인 미갈은 그것을 못마땅하게 생각했다.

'왕이 체면도 없이 저게 뭐야?'

그래서 남편 다윗을 이렇게 비웃었다. 그것이 사무엘하 6장 20절에 기록되어 있다.

> 오늘 이스라엘의 임금님이, 건달패들이 맨살을 드러내고 춤을 추듯이, 신하들의 아내가 보는 앞에서 몸을 드러내며 춤을 추셨으니, 임금님의 체통이 어떻게 되었겠습니까? 삼하 6:20, 새번역

다윗과 미갈, 이 대조적인 뉘앙스를 알겠는가? 지금 한쪽에서는 엄청난 기쁨을 드러내며 춤을 추고 있는데, 다른 한쪽은 그 모습을

한심하다고 비웃고 있다.

발코니에서 내려와 길에 서라

알리스터 맥그래스 교수가 쓴 《인간, Great Mystery》라는 책에 이 부분을 설명하는 대목이 나온다. 먼저 사무엘하 6장 16절을 보자.

> 여호와의 궤가 다윗 성으로 들어올 때에 사울의 딸 미갈이 '창으로 내다보다가' 다윗 왕이 여호와 앞에서 뛰놀며 춤추는 것을 보고 심중에 그를 업신여기니라 삼하 6:16

저자가 강조하는 건 미갈의 '창으로 내다보다가'이다. 책은 이 구절을 중심으로 다윗의 태도와 미갈의 태도가 갈라진 이유를 설명하는데, 그 내용은 이렇다. 지금 언약궤가 들어오고 있는 상황에서 다윗은 언약궤가 들어오는 '길에서' 언약궤를 맞이하고 있다. 다시 말해 언약궤가 들어오는 기쁨의 현장에서 춤을 췄다는 것이다. 이에 반해 비웃었던 그의 아내 미갈은 발코니에 서서, 창으로 내다보는 '구경꾼의 태도'로 그 장면을 바라봤다.

이 대조를 통해서 저자가 강조한 것은 다음과 같다. 미갈과 같은 구경꾼의 삶으로는 결코 기쁜 삶을 살 수 없다. 그러니 발코니에서 내려오라는 것이다. 발코니에서 내려와, 구경꾼의 자세에서 내려와 현장의 기쁨을 경험하는 '길의 신앙'을 회복하라는 것이다.

오늘날 크리스천들도 두 종류로 나눌 수 있다. 발코니에서 구경꾼처럼 예배드리는 사람, 길에서 살아 있는 현장의 생생한 기쁨으로 예배드리는 사람.

앞에서 예배를 인도하다 보면 다윗처럼 감격하며 눈물을 흘리며 예배하는 성도가 있는가 하면, 심사위원처럼 냉철하게 설교를 평가하는 태도로 임하는 성도도 보인다. 발코니에서 구경꾼으로 예배를 드리던 부부가 집에 가면서 오늘의 설교에 대해 서로 평가한다.

"우리 목사님 오늘 설교 잘하네? 오늘은 설교가 조금 지루하네? 오늘은 설교 준비를 많이 못했네?"

물론 설교자에 대한 인간적인 평가를 배제할 수는 없지만 설교 행위에 대해 이런 식의 인간적인 평가밖에 내릴 수 없다면 그 성도는 발코니에 선 미갈과 비슷한 부류이다.

이런 식의 분류는 예배를 드리는 태도에만 국한되지 않는다. 신앙생활 전반에서도 두 부류로 나눌 수 있다.

두 부류의 크리스천

이런 관점에서 인생도 크게 두 부류로 나눌 수 있다. 하나는 온도계 같은 인생이고, 다른 하나는 온도조절계 같은 인생이다.

온도계 같은 인생은 어떤 인생인가? 온도계는 지금 온도가 몇 도인지를 정확하게 파악하는 역할을 한다. 그의 역할은 그것이 전부이다. 다시 말해 온도계가 가진 한계는 분석만 잘하는 데 있다.

이에 반해 온도조절계는 현재의 온도가 몇 도인지를 파악하는 것이 아니라, 주인이 설정해준 온도에 맞추는 것이 주 기능이다. 모든 에너지를 주인의 설정 온도에 집중한다. 지금 바깥온도가 영하 15도면 20도에 맞추기 위해 히터를 강하게 돌린다. 그리고 지금 바깥온도가 35도면 20도에 맞추기 위해 에어컨을 쌩쌩 돌려 찬바람을 뿜어낸다. 그렇게 해서 기어이 20도에 맞추는 것이다. 이 차이를 알겠는가?

이것을 야구에 빗대서도 설명할 수 있다. 야구를 보면 야구 해설가와 야구 감독이 나온다. 야구 해설가를 보면 경기 시간 내내 쉬지 않고 중계한다. 어떤 선수가 안타를 치면 왜 안타를 칠 수 있었는지에 대해 정확하게 분석해준다. 또 어떤 선수가 안타를 치지 못하면 어떤 이유로 안타를 칠 수 없었는지에 대해서도 분석해준다. 그 분석은 언제나 정확하다. 그러나 야구 해설가에게서 한 가지 아쉬운 점은 그들이 그 야구의 승패에 아무런 영향을 미치지 못한다는 점이다.

여기에 반해 야구 감독은 야구 해설가처럼 친절하지 않다. 어떤 때 보면 아무것도 안 하는 것 같다. 그러나 모두가 다 아는 것처럼 야구 감독은 야구 해설가와 달리 시합의 승패에 중대한 영향을 미친다.

이 둘의 차이를 알겠는가? 이것은 영향력의 문제이다.

나는 이런 질문을 하고 싶다.

"혹시 당신의 인생이 발코니에 서 있는 미갈 같은 인생은 아닌가?"

분석은 잘한다. 비판도 너무나 정확하다. 비판하는 목소리를 들어보면 엉터리로 비판하는 경우는 별로 없다. 다 맞는 말이다. 그런데 그 비판을 야구 감독처럼 현장인 운동장에서 해야 하는데, 뒤에서 하니까 아무런 영향이 없다. 집에 가는 차 안에서 부부끼리 평가하고 비판하는 게 무슨 영향을 미치겠는가?

이런 점에서 나는 우리 교회 성도들에게 당부한다. 분당우리교회는 '뒷담화'가 아니라 '앞담화'가 활성화된 교회가 되기 원한다고. 그리고 가끔씩 교회 발전을 위해 마음껏 비판할 수 있는 자리도 마련한다. 교회의 체질을 바꿔야 한다. 신앙의 체질을 바꿔야 한다. 발코니에서 내려와야 한다. 그래서 미갈처럼 비판하고 정죄하고 '왕의 체면으로 그게 뭐야'라고 분석만 하는 온도계 같은 인생이 아니라 온도조절계 같은 인생이 되어야 한다. 그것이 영향력 있는 삶을 사는 비결이다. 길로 내려와야 한다.

관광객이 모인 교회 vs 군사들이 모인 교회

교회가 박물관처럼 경직되고 굳어 있는 교회로 전락하지 않기 위해서는 구성원인 성도들의 태도와 스스로에 대한 인식의 변화가 필요하다. 그 교회를 구성하는 성도들이 스스로를 인식하기를 "나는 유람선을 타고 있는 관광객이 아니라 군함을 타고 있는 영적인 군사이다"라는 인식을 가져야 한다. 성도들이 스스로를 유람선을 탄 관광객으로 인식한다면 출석 숫자가 아무리 많은들 무슨 소용이 있겠는가?

이런 관점으로 보면 본문인 디모데후서 2장 3절 말씀은 참으로 중요하다.

너는 그리스도 예수의 좋은 병사로 나와 함께 고난을 받으라 딤후 2:3

성도 스스로가 자신을 구경 온 관광객이 아니라 하나님나라의 군사로 인식하는 인식의 변화가 중요하다. 그래야 무기력해지지 않을 수 있다.

이런 인식의 변화를 위해 사도 바울이 강조한다.

"너는 군사다. 너는 관광객이 아니다. 너는 좋은 병사가 되어야 한다."

좋은 교회가 될 수 있는 비결은 아주 간단하다. 그 교회 구성원인 성도들이 성숙하고 좋은 성도가 되는 것이다. 관광객들이 모여 있는 교회는 수만 명이 모여도 빈약한 교회가 될 수밖에 없다. 그러나 소수가 모인 교회라 할지라도 정규 군사훈련을 받은 무장된 군사 같은 성도들이 모인 교회라면 그 교회는 하나님께서 기뻐하시는 건강한 교회가 될 수 있다.

지금까지 우리는 박물관 교회로 전락하는 일을 막기 위해 우리가 해야 하는 여러 가지 대안들을 살펴보았다. 그런데 아무리 좋은 대안을 제시해도 그 대안을 받는 성도가 관광객 성도라면 아무런 소용이 없다. 그렇기 때문에 강한 군사가 모인 교회가 되어야 한다는 이 대안이 무엇보다 중요하다고 할 수 있다. 영적으로 강한 군사가 될 때 이 모든 대안들이 효과가 있다.

나 역시 어릴 때는 교회를 유람선이라 생각했었다. 교회 분위기가 그런 생각을 만들었다. 놀거리가 별로 없던 당시 사회 상황에서 교회는 최고의 놀이터였다. 공휴일마다 교회에서 제공해주는 체육대회와 등반대회 등 친교 활동은 최고였다.

이것이 가진 순기능도 대단했다. 믿지 않는 친구를 교회로 인도하는 일이 어렵지 않았다. 심지어는 자기를 교회에 데려가달라고 부탁하는 경우도 많았다.

그러나 이런 어린 시절의 교회 분위기는 교회를 유람선을 띄운 관광지로 오해하게 만들었고, 그러다 보니 교회는 수많은 관광객을 양산하는 부작용을 만들었다. 그리고 그것이 교회를 무기력하게 만들었다. 그렇기 때문에 우리는 "너는 그리스도 예수의 좋은 병사로 나와 함께 고난을 받으라"라는 젊은 디모데를 향한 사도 바울의 강한 권면에 귀 기울여야 한다. 교회는 유람선을 탄 관광객을 모으는 곳이 아니라 강한 군사로 서기 위해 영적 훈련을 하는 곳이란 사실을 기억해야 한다. 교회에 대한 이런 인식을 바꿀 때 교회가 더 건강해질 줄 믿는다.

마귀의 간계를 능히 대적하기 위하여 하나님의 전신 갑주를 입으라
엡 6:11

비장함이 느껴지지 않는가? 우리가 관광객이 아니라 영적인 군사라면 하나님의 능력으로 무장이 되어야 한다. 그리고 더 견고한 하나님의 전신 갑주를 입기 위해 영적인 훈련에 매진해야 한다. 더 강한 군사들이 모인 교회, 더 강해지는 군사들이 모인 교회가 되어야 한다.

크리스천의 야성을 회복하라

언젠가 이런 제목의 글을 본 적이 있다.

"야성을 잃은 호랑이가 되지 마라."

참 강렬했다. 야성을 잃은 호랑이를 볼 수 있는 곳이 있다. 동물원이다. 동물원에 가면 우리에 갇혀 무기력하게 누워 있는 호랑이를 쉽게 찾아볼 수 있다. 나는 동물원을 생각하면 항상 이 구호가 떠오른다.

"사자는 썩은 고기를 먹지 않는다."

그런데 동물원에 있는 사자들은 조련사가 던져주는 죽은 고기 한 덩어리를 받아먹으려고 무기력하게 조련사의 눈치를 본다. 동물의 왕으로 포효해야 할 호랑이나 사자가 야성을 다 잃은 채로 무기력하게 누워 있는 모습은 참 안쓰럽다.

야성을 잃은 호랑이가 되지 말라는 그 글에 이런 내용도 있었다.

"닭에게서 부화한 독수리는 닭을 자기 어미로 알고 땅에 떨어진 모이나 쪼아대며 산다."

그 모습이 얼마나 초라한가? 날개를 펴고 창공을 날아가는 독수리를 우리가 알고 있는데, 그 강한 날개를 다 접고 땅에 떨어진 먹이나 쪼고 있는 모습을 상상해보면 너무 가련하고 불쌍하지 않은가?

우리의 모습은 어떤지 돌아보자. 우리가 예수님을 믿는다고, 십자가의 은혜로 변화되었다고 하는데, 나는 이제 더 이상 세상 사람과 같지 않다고, 이제 하나님의 자녀라고 늘 고백하고 기도하는데, 실제로는 닭과 경쟁하며 모이나 더 먹으려고 애쓰는 날개 꺾인 독수리

같이 살고 있지는 않은가? 우리는 야성을 회복해야 한다.

'야성'이란 단어를 국어사전에서 찾아보니 이렇게 설명한다.

"자연 또는 본능 그대로의 거친 성질."

하나님이 주신 꿈, 하나님이 허락하신 삶의 목표를 향해서 거침없이 달려가는 거친 성질이 크리스천의 야성이다. 이런 야성을 성경에서 가장 잘 그려놓은 곳이 사무엘상 17장이다.

여기에 골리앗이 등장한다. 골리앗이 길길이 날뛰면서 하나님을 모독하고 하나님의 군대를 조롱한다. 왕부터 군사에 이르기까지 모두가 두려워서 부들부들 떨고 있는데, 그때 아직 어린 청소년이었던 다윗이 등장한다. 형들에게 도시락을 갖다주라는 아버지의 심부름으로 전쟁터에 간 어린 다윗이 골리앗을 본 것이다.

골리앗이 길길이 날뛰며 하나님을 조롱하고 모독하니까 그의 야성이 드러났다. 그 어린 다윗이 물불 안 가리고 어떤 반응을 보이는가?

이 할례 받지 않은 블레셋 사람이 누구이기에 살아 계시는 하나님의 군대를 모욕하겠느냐 삼상 17:26

본능 그대로의 거친 성질이 드러난 것이다. 하나님을 조롱하는 골리앗을 보며 화가 났다. 그래서 그는 골리앗에게 달려갔다.

다윗이 블레셋 사람에게 이르되 너는 칼과 창과 단창으로 내게 나아오거니와 나는 만군의 여호와의 이름 곧 네가 모욕하는 이스라엘 군

이것이 하나님을 믿는 자의 거친 야성이다. 우리에게는 이런 거룩한 분노가 있는가? 한국 교회가 이렇게 조롱을 당하고 욕을 먹는 현실을 보면서 마음에 의분이 이는가?

'도대체 교회가 왜 이러는 거야? 왜 이렇게 무기력한 거야? 도대체 목사님들은 사역을 왜 이렇게 하는 거야?' 하는 분노가 일어나고 있느냐는 말이다. 만약 그런 분노가 없다면 우리는 날개 접은 독수리처럼 '모이를 먹는 게 중요하지'라며 닭과 경쟁하며 살고 있는 것이다.

패배 의식을 딛고 도전 의식을 회복하자

많은 사람들이 다윗과 골리앗의 이야기를 다윗의 승리에만 초점을 맞추어 해석한다. 그러나 승리의 결과도 중요하지만, 그보다 더 중요한 게 있다. 제대로 된 무기도 없이 돌멩이 몇 개 손에 쥔 게 다였던 다윗이었지만, 그에게는 하나님을 믿는 자로서의 야성이 있었다는 것이다. 그 야성이 있었기에 비겁하지 않기 위하여 골리앗에게 도전장을 던질 수 있었다. 이것이 굉장히 중요한 포인트다.

나는 청년들에게 종종 이렇게 묻는다.

"무엇인가에 도전했다가 실패해서 쓰라린 눈물을 흘려본 적이 있는가? 대학 입시에 실패한 것 말고, 어떤 사명이나 꿈을 가지고 인생을 걸고 달려들었다가 실패해서 눈물 흘려본 적이 있는가?"

대부분은 없다. 왜 그런가? 안 될 것 같은 것은 도전을 안 했기 때문이다. '골리앗에게 왜 덤벼? 덤벼봤자 죽을 텐데, 내가 바보인가?' 하면서 도전을 안 했기 때문이다. 자꾸 이긴 것만 가지고 얘기하면 안 되고, 거친 야성을 가지고 도전한 것에 초점을 두어야 한다.

나는 우리 청년들의 마음에 하나님께서 주시는 거룩한 분노가 있어야 한다고 생각한다. 현실 교회의 무기력한 모습에 견딜 수 없는 마음을 가져야 한다고 생각한다. 그런데 언제부턴가 이런 야성이 잘 보이지 않는다. 교회 안에서조차 이런 야성을 불편하게 여기게 되었다. 그러다 보니 청년들이 교회에서 무기력하다. 그래서 나는 기도한다. 예수 믿는 청년들이 다시 야성을 가지고 교회와 사회를 향해 포효하며 나가길 간절히 기도한다.

나는 나 자신이 자기 연민에 빠질까 두렵다. 더 정직하게 고백하면 나는 자주 자기 연민에 빠진다. 때로는 무기력한 나 자신이 초라하게 느껴질 때도 많다.

'일만성도 파송운동' 이후에도 한동안 자기 연민에 빠져 있었다. 초신자들은 많은데 이들을 섬겨야 할 지도자들은 20~30퍼센트밖에 남지 않아서 모든 게 너무 역부족으로 느껴졌다. 그런 상황에서 '이제는 나도 나이가 들고 체력도 떨어지고, 내가 더 애를 쓴다고 해서 할 수 있는 건 없어'라는 자기 연민과 패배 의식이 나를 괴롭혔다.

이런 나에게 하나님은 놀라운 은혜를 주셨다. 내 마음에서 대반전이 일어났다. 하나님께서 다시 교회를 향한 회복의 꿈을 주셔서 새롭게 일으켜주실 것이라는 강한 소망이 생긴 것이다.

하나님은 나에게 강한 군사가 될 것을 명령하셨다. 그 명령에 힘을 얻어서 요즘은 다시 새벽을 깨우며, 하나님이 나를 사용해주시기를 간절히 기도하며 다시금 의욕을 회복하게 되었다.

나는 우리 교회가, 한국의 모든 교회가 다시 한번 처음 은혜받았던 때의 초심으로 돌아갈 수 있도록 기도한다. 그래서 다시 한번 사명과 꿈을 향해, 목표를 향해 달려가는 교회가 되기를 기도한다. 무엇보다 관광객이라는 의식을 버리고 강한 군사로서, 마음에 다윗이 품었던 의로운 분노를 가지고 골리앗에게 선전 포고하며 달려가야 한다.

본문인 디모데후서 2장 1-4절을 보면 디모데에게 강한 군사로설 것을 권면하는 사도 바울의 어조 하나하나가 얼마나 강한지 모른다.

> 내 아들아 그러므로 '너는 그리스도 예수 안에 있는 은혜 가운데서 강하고' … '너는 그리스도 예수의 좋은 병사로' 나와 함께 고난을 받으라 딤후 2:1,3

우리가 활력을 가지고 힘을 얻어서 가정의 문제, 개인의 문제, 자기 연민에 빠뜨리는 자신의 약점에 무너지지 말고 다윗처럼 견딜 수 없는 야성을 가지고 그리스도의 좋은 병사로 돌파해나가기를 바란다. 그렇게 할 수 있도록 하나님이 힘주시기를 바란다.

영적인 야성으로 고난을 피하지 말라

우리가 그리스도의 좋은 병사가 되기 위해 기억해야 할 세 가지가 있다.

첫째, 고난을 피하지 않는 것이다.

영적인 야성을 가지고 고난을 피하지 않는 것이 좋은 군사의 굉장히 중요한 조건이다. 이 부분에 집중하여 디모데후서 2장 3절을 다시 보라.

너는 그리스도 예수의 좋은 병사로 나와 함께 고난을 받으라 딤후 2:3

사도 바울은 디모데에게 좋은 병사가 되기 위해 "나와 함께 고난을 받으라"라고 말한다.

생각해보면, 사도 바울의 권면이 굉장히 독특하다. 바울이 디모데를 아끼듯 나에게도 그렇게 아끼는 후배들이 있다. 그런 후배들에게 내가 이렇게 말한다고 생각해보라.

"나도 목회하면서 고생 엄청 많이 했는데, 너도 고생을 더 해라. 고난을 더 받아라."

이것이 이해가 되는가? 내가 아끼는 후배들을 만날 때마다 그들에게 "고난을 많이 받을지어다"라고 하면, 아무도 나를 찾아오지 않을 것이다. 만날 때마다 고난을 받으라니, 얼마나 부담스럽겠는가.

지금 바울이 디모데에게 고난을 받으라는 것이다. 그런데 여기서 중요한 것이 무엇인가? '나와 함께'이다. 여기에 많은 메시지가 담겨 있다.

지금 이런 권면을 하는 바울의 삶 자체가 고난의 연속이었다. 바울은 예수를 믿었기 때문에 고난의 길로 간 사람이었다.

> 내가 수고를 넘치도록 하고 옥에 갇히기도 더 많이 하고 매도 수없이 맞고 여러 번 죽을 뻔하였으니 유대인들에게 사십에서 하나 감한 매를 다섯 번 맞았으며 세 번 태장으로 맞고 한 번 돌로 맞고 세 번 파선하고 일 주야를 깊은 바다에서 지냈으며 여러 번 여행하면서 강의 위험과 강도의 위험과 동족의 위험과 이방인의 위험과 시내의 위험과 광야의 위험과 바다의 위험과 거짓 형제 중의 위험을 당하고 또 수고하며 애쓰고 여러 번 자지 못하고 주리며 목마르고 여러 번 굶고 춥고 헐벗었노라 고후 11:23-27

바울은 예수 믿고 나서 하나님으로부터 고난 종합 선물 세트를 받은 것 같다. 모든 종류의 고난은 다 받았다. 그런 바울이 아들처럼 귀히 여기는 디모데에게 "나와 함께 고난을 받으라"라는 것이다.

이것이 이해가 잘 안 가면 나를 향한 우리 어머니의 권면을 떠올려 보면 된다. 아버지가 갑자기 돌아가신 이후에 어머니가 겪어야 했던 고난은 이루 말로 다 못 한다. 목사 아내의 길을 걸었기에 얻은 고난이다. 그런데 어머니는 내가 어릴 때부터 계속 나에게 이렇게 말씀하셨다.

"아버지 뒤를 이어서 네가 목사가 되어야 한다."

이것이 디모데를 향한 바울의 "고난을 받으라"와 똑같은 것 아닌가? 어머니가 왜 그러셨을까? 이 말씀을 묵상하다가 그 의미를 깨닫게 되었다.

"나와 함께 고난을 받으라"라는 말씀에는 고난을 피하지 말고 정면 대항하라는 뜻이 담겨 있다. 아버지께서 돌아가신 이후에 어머니가 겪으셔야 했던 수많은 아픔과 고난이 있었는데, 어머니 기억 속의 그 어려웠던 시절은 고난만 있었던 것이 아니다. 고난을 피하지 않고 정면으로 돌파할 때, 하나님이 피할 길을 주시고 만나와 메추라기로 공급해주신 것을 어머니는 체험하셨다. 오남매를 기르는 과정에서 '나는 끝이다. 이제 절망뿐이다'라는 자기 연민에 빠져 있었다면 나를 포함한 우리 형제들이 어떻게 되었겠는가? 감사하게도 어머니는 그 고난에 정면으로 맞섰다. 하나님을 의지하며 고난과 맞서 싸우실 때 하나님은 어머니를 통해 귀한 일들을 많이 이루어주셨다. 그런 큰 은혜를 체험하셨기에 사랑하는 아들인 나에게 너도 아버지 뒤를 이어 목사가 되라고 권면하실 수 있었던 것이다.

어머니가 고난에 맞서 싸워나갈 때 하나님께서는 그것과 맞서 싸울 수 있는 힘을 공급해주셨고, 싸우는 과정에서 두려움이 찾아올 때마다 하나님은 기쁨과 평안을 공급해주셨다.

내가 이런 사실을 묵상하면서 집 근처의 공원을 걷고 있는데, 공원에 걸린 플래카드에 이런 내용이 쓰여 있었다. 그것을 보고 너무 신기했다.

"멧돼지 출몰 지역 주의사항 알림."

도심 한가운데 멧돼지가 출몰한다니 깜짝 놀랐다. 그런데 그 플래카드를 보면서 내가 주목한 것이 하나 있다. 멧돼지와 마주쳤을 때 주의해야 할 행동 수칙이 쓰여 있었는데, 그중 두 가지가 눈에 띄었다.

- 뛰거나 소리를 지르지 말고 침착하게 행동합니다.
- 등을 보이지 말고 멧돼지를 주시합니다.

멧돼지와 맞닥뜨리면 등을 보이며 도망가지 말라는 것이다. 등을 보이면 멧돼지가 전속력으로 달려와서 들이받기 때문이다. 나는 이런 내용을 담은 플래카드를 보면서 많은 고난의 문제도 마찬가지라고 생각했다. 고난이 우리에게 찾아올 때 고난을 피하지 말고 정면으로 맞서야 한다는 것이다. 등 보이고 도망가면 끝장이다. '네까짓게 뭔데' 하는 야성으로 응시하며 정면 돌파해야 한다.

뚜렷한 목표와 집중력을 가져라

둘째, 그리스도의 좋은 병사가 되기 위해서는 '뚜렷한 목표와 집중력'을 가져야 한다.

> 병사로 복무하는 자는 자기 생활에 얽매이는 자가 하나도 없나니 이는 병사로 모집한 자를 기쁘게 하려 함이라 딤후 2:4

이 말씀을 메시지 성경으로 보면 이렇게 의역하여 번역했다.

"복무 중인 군인은 시장에서 사고파는 일에 마음을 빼앗기지 않습니다. 그는 명령을 수행하는 데만 정신을 쏟습니다."

목표를 가지고 집중하라는 것이다. 내가 볼 때, 오늘날 우리 청년들에게 가장 무서운 골리앗은 스마트폰이다. 스마트폰이 우리를 괴물로 만드는 것은 아니지만, 우리의 집중력을 깨뜨리려는 사탄의 도구로 쓰임 받고 있는 것은 맞는 것 같다.

카페에 가보면 책을 펴놓고 공부하는 청년들을 볼 수 있다. 그런데 유심히 보면 공부를 하다가 수시로 스마트폰을 들여다본다. 그러면 무슨 공부가 되겠는가? 그래서 나는 우리 집 아이들이 사춘기가 될 무렵부터 항상 부탁했다.

"자주 핸드폰을 손에서 떨어지게 해야 한다. 특히 잘 때는 핸드폰을 아빠에게 맡기고 자라."

이 얘기를 듣는 청년들은 '아니 무슨 저런 말도 안 되는 부탁을'이라고 생각할 것이다. 그 짐작대로 아이들에게 실제로 스마트폰을 받아본 적은 한 번도 없다. 다른 건 다 순종해도 그건 안 된단다. 하지만 자면서도 스마트폰의 영향을 계속 받으니 숙면을 취할 수 없고 집중도 잘할 수 없다.

그런데 최근에 우리 집에 기적이 일어났다. 세 아이 중 한 명이 자기 전에 나에게 핸드폰을 맡기기 시작한 것이다. 너무나 놀라운 일이 일어난 것이다. 그러면서 이런 말을 했다.

"깊이 잘 수 있어서 정신이 맑아졌어요."

집중하지 않고 되는 일은 없다. 몰두하지 않고 이룰 수 있는 일은 없다.

십자가를 지시러 이 땅에 오신 예수님은 어떻게 하셨는가?

믿음의 주요 또 온전하게 하시는 이인 예수를 바라보자 그는 그 앞에 있는 기쁨을 위하여 십자가를 참으사 부끄러움을 개의치 아니하시더니 히 12:2

이것이 주님이 이 땅에 오셔서 보여주신 모범이다. 주님은 사명이 있으셨다. 십자가를 통해 인류를 구원해야 한다는 목표가 있으셨기에 거기에 모든 것을 다 거셨다. 온전히 집중하셨다.

사탄이 예수님을 유혹하면서 '떡 만들어서 먹어봐라, 사람들이 너를 보고 놀랄 것이다. 높은 데서 뛰어내려 봐라, 천사들이 널 받아주지 않겠냐'라며 온갖 소리로 유혹을 해도 신경 쓰지 않으셨다. 십자가를 향해서만 가셨다. 몰두하신 것이다.

경마장에 가면 경주하는 말들에게 눈가리개를 씌워놓은 것을 볼 수 있다. 왜 그런가? 말의 목표는 저 앞의 골인 지점인데 좌우에 함성을 지르는 관중들에게 집중력을 빼앗길까 봐, 온전히 목표에만 집중하라고 눈가리개를 해둔 것이다.

어느 글을 보니 이런 내용이 있었다.

"눈가리개 낀 경주마처럼 나아가고 싶다."

우리가 다 결단하면 좋겠다. 엄청난 것, 대단하고 복잡한 것을 결단할 필요는 없다. 자기 전에 스마트폰을 맡기기로 결단하자. 공부할 때는 스마트폰을 멀리 두라. 꺼두라. 그것이 몰두하는 훈련이다. 집중하는 훈련을 해야 한다. 후회 없이 살려면 거기에 목숨을 걸어야 한다. 온전히 집중하고 몰두해야 한다.

힘의 근원을 제대로 알라

셋째, 그리스도의 좋은 병사가 되기 위해서는 힘의 근원이 어디서 나는지를 제대로 알아야 한다. 이것이 가장 중요하다.

디모데후서 2장 1절을 보면 "내 아들아 그러므로 너는 그리스도 예수 안에 있는 은혜 가운데서 강하고"라고 표현했는데, 여기 나오는 '강하고'가 헬라어로 보면 수동태 명령형이다. '수동태 명령형'의 의미를 살려서 번역하자면 '강하고'라고 번역하면 안 되고, '강하여지고'라고 번역해야 한다.

"너는 그리스도 예수 안에 있는 은혜 가운데서 강하여지고."

그리고 그렇게 '강하여질 수 있는' 원천은 '예수 안에 있는 은혜 가운데' 있는 것이다. 우리 자신에게서 나오는 것이 아니란 말이다. 이것을 제대로 알아야 한다.

고린도후서 12장 10절을 보자.

그러므로 내가 그리스도를 위하여 약한 것들과 능욕과 궁핍과 박해와 곤고를 기뻐하노니 이는 내가 약한 그때에 강함이라 고후 12:10

왜 약한 그때가 강함인가? 내게 힘이 좀 있는 것 같아서 '난 하나님 필요 없어, 난 내 주먹을 믿어'라고 하면서 살다가 고난 앞에서 자신의 약함을 통해 무기력한 자신을 고백할 때, 그때 힘의 원천인 하나님을 의지하게 되기 때문이다.

죽을힘을 다해 기도해야 하는데, 기도하지 않는 크리스천이 많다. 왜 기도하지 않는가? 여전히 힘의 원천이 나에게 있기 때문이다. '내가 노력하면 되지, 뭔 기도야'라고 생각하며 아직도 기도 안 하는 성도가 있다면, 한참 더 고생해야 한다.

고린도전서 1장 26-29절의 말씀이 무슨 의미인지 곰곰이 한번 생각해보라.

> 형제들아 너희를 부르심을 보라 육체를 따라 지혜로운 자가 많지 아니하며 능한 자가 많지 아니하며 문벌 좋은 자가 많지 아니하도다 그러나 하나님께서 세상의 미련한 것들을 택하사 지혜 있는 자들을 부끄럽게 하려 하시고 세상의 약한 것들을 택하사 강한 것들을 부끄럽게 하려 하시며 하나님께서 세상의 천한 것들과 멸시받는 것들과 없는 것들을 택하사 있는 것들을 폐하려 하시나니 이는 아무 육체도 하나님 앞에서 자랑하지 못하게 하려 하심이라 고전 1:26-29

이것이 그리스도 안에 있는 은혜 가운데서 강한 사람의 모습이다.

그러니 우리는 스스로가 약한 것 때문에 자신을 초라하게 여기거나 자기 연민에 빠질 필요가 없고, 조금 힘이 있다고 그것 때문에 강함의 원천이 자기인 것처럼 교만할 필요도 없다. 우리가 약할 때, 강함의 원천을 알게 될 것이다.

여호와로 인하여 기뻐하는 것이 너희의 힘이니라 느 8:10

여호와를 기뻐하는 것이 우리의 힘이 된다. 그 힘으로 우리가 다시 영적으로 젊은 군사가 되기를 결단하자. 자기 연민과 패배 의식에서 벗어나 강한 군사가 되기로 결단하자. 그리고 무엇보다 그 힘의 원천이 나에게 있지 않고, 하나님께 있다는 사실을 인정하자. 그래서 우리의 삶이 관광객 같은 성도에서 강한 군사로 바뀌게 되기를 주님의 이름으로 간절히 부탁한다.

그럴 때 우리가 속한 공동체가 강해진다. 우리가 사랑하는 교회가 시간이 흘러도 현상유지적인 교회나 박물관 교회로 전락하지 않고 강하고 영향력 있는 교회가 될 줄 믿는다. 그 일에 우리가 다 강한 군사로 쓰임 받게 되기를 바란다.

10
chapter

하나님의 인도하심

" 주님의 인도하심이 이루신다 **"**

출애굽기 13장 17-22절

¹⁷ 바로가 백성을 보낸 후에 블레셋 사람의 땅의 길은 가까울지라도 하나님이 그들을 그 길로 인도하지 아니하셨으니 이는 하나님이 말씀하시기를 이 백성이 전쟁을 하게 되면 마음을 돌이켜 애굽으로 돌아갈까 하셨음이라 ¹⁸ 그러므로 하나님이 홍해의 광야 길로 돌려 백성을 인도하시매 이스라엘 자손이 애굽 땅에서 대열을 지어 나올 때에 ¹⁹ 모세가 요셉의 유골을 가졌으니 이는 요셉이 이스라엘 자손으로 단단히 맹세하게 하여 이르기를 하나님이 반드시 너희를 찾아오시리니 너희는 내 유골을 여기서 가지고 나가라 하였음이더라 ²⁰ 그들이 숙곳을 떠나서 광야 끝 에담에 장막을 치니 ²¹ 여호와께서 그들 앞에서 가시며 낮에는 구름 기둥으로 그들의 길을 인도하시고 밤에는 불 기둥을 그들에게 비추사 낮이나 밤이나 진행하게 하시니 ²² 낮에는 구름 기둥, 밤에는 불 기둥이 백성 앞에서 떠나지 아니하니라

중국이 만든 만리장성과 로마가 만든 길, 이 두 가지를 대조해서 쓴 글을 종종 보게 된다. 진시황이 만리장성을 쌓은 이유는 외적의 침략을 막기 위함이었지만, 결과적으로 이것은 외부와의 단절로 연결되는 부작용을 가져왔다. 반면에 로마가 만든 로마가도는 "모든 길은 로마로 통한다"라는 말이 나올 정도로 주변과의 교류와 소통이 긍정적으로 이루어지는 도구가 되었다.

　만리장성은 인류 최대의 토목공사라고 불릴 만큼 그 규모가 어마어마했지만, 불행하게도 이 만리장성은 성을 쌓은 진나라를 보호해주지 못했다. 그러나 로마는 길을 잘 만든 덕분에 '팍스 로마나'(Pax Romana, 로마의 평화)를 무려 200년이나 누릴 수 있었다.

　여기서 나온 말이 "성을 쌓는 자는 망하고, 길을 닦는 자는 흥한다"이다. 소통과 개방이 중요하다는 것을 강조하는 말이다.

길을 만드시는 하나님
출애굽기 말씀을 묵상하다가 이런 이야기를 떠올린 것은, 하나님은 성을 쌓는 분이 아니라 길을 만드시는 분이기 때문이다. 출애굽 당시 이스라엘 백성은 애굽의 압제로 무려 430년이라는 긴 세월을 고립 속에서 고통당해왔는데, 하나님께서는 이런 긴 고립에 빠져 있던 이스라엘 백성을 이끌고 새로운 길을 열어주셨다.

> 그러므로 하나님이 홍해의 광야 길로 돌려 백성을 인도하시매 이스라엘 자손이 애굽 땅에서 대열을 지어 나올 때에 출 13:18

막혀 있던 홍해를 갈라 새로운 길을 만들어주신 하나님께서는 이제 이스라엘 백성에게 가나안이라는 새로운 꿈과 목표를 가지고 나아가도록 길을 인도해주셨다.

> 보라 내가 새 일을 행하리니 이제 나타낼 것이라 너희가 그것을 알지 못하겠느냐 반드시 내가 광야에 길을 사막에 강을 내리니 사 43:19

이런 하나님을 묵상할 때면 '패스파인더'(pathfinder)라는 영어단어가 떠오른다. 패스파인더는 우리말로 길을 인도해주는 길잡이 혹은 어떤 분야의 개척자를 뜻하는 말이다.

나도 패스파인더로 살기를 바란다. 그래서 하나님께 '저도 길을 안내해주는 길잡이로, 어떤 영역에서건 개척하고 도전하는 패스파인더로 살게 해달라'고 기도한다.

패스파인더의 원조는 하나님이시다. 하나님은 항상 우리로 하여

금 도전하게 하시고, 우리가 막혀 있는 곳을 뚫어 목표를 향해 나가게 하신다.

새로운 길을 만들어 여시고, 개척자로서 나아가게 하시는 하나님은 우리를 어떻게 인도하시는가? 본문은 이스라엘 백성이 출애굽 하여 홍해를 건너기 직전의 상황이다. 이제 본격적인 광야 생활을 시작하게 될 것이다. 나는 이 말씀을 통해서 하나님이 광야에서 이스라엘 백성을 어떻게 인도하시는지 하나님의 인도하심에 대한 두 가지 상징적 특징을 발견했다.

구름 기둥과 불 기둥으로 인도하셨다

첫째로, 이스라엘 백성의 광야 길에 나타난 하나님의 인도하심의 특징은, '구름 기둥과 불 기둥'이라는 도구로 인도해주셨다는 것이다.

> 여호와께서 그들 앞에서 가시며 낮에는 구름 기둥으로 그들의 길을 인도하시고 밤에는 불 기둥을 그들에게 비추사 낮이나 밤이나 진행하게 하시니 출 13:21

이스라엘이 출애굽 한 이후 본격적으로 광야 생활을 할 때, 하나님께서는 구름 기둥과 불 기둥이라는 도구를 상징적으로 사용하심으로 어떤 상황에서도 내가 너희를 보호해주겠다고 말씀하신다. 그래서 이스라엘 백성의 긴 출애굽 여정의 핵심을 딱 한 마디로 말한다면

'하나님의 인도하심'이다. 그 하나님의 인도하심이 구름 기둥과 불 기둥으로 나타나고 있는 것이다.

다윗이 쓴 여러 시편 중에서 특별히 시편 23편은 중요한 상징적 의미를 담고 있는데, 거기에서 다윗은 이렇게 고백했다.

> 여호와는 나의 목자시니 내게 부족함이 없으리로다 그가 나를 푸른 풀밭에 누이시며 쉴 만한 물가로 인도하시는도다 시 23:1,2

신앙생활은 하나님의 인도하심을 받는 것이다. '나는 모태신앙인데 하나님의 인도하심이 뭔지 아직 경험해본 적이 없다'라고 한다면, 그것은 절대로 정상적인 게 아니다. 하나님의 자녀는 하나님의 인도하심을 받는다.

목회를 하다가 답답하고 막히는 일을 만나면 할머니 권사님들이 삼삼오오 모여서 "나의 갈 길 다 가도록 예수 인도하시니 내 주 안에 있는 긍휼 어찌 의심하리요"라고 찬양하며 기도하시던 모습이 떠오른다. 온갖 어려움과 결핍 속에서 그 분들에게 너무나 절실했던 것은 하나님의 인도하심이었다.

이런 의미에서 우리는 하나님이 이스라엘 백성에게 보여주신 구름 기둥과 불 기둥이라고 하는 하나님의 인도하심의 도구를 기억해야 한다.

내 생각과 다른 길로 인도하신다

둘째로, 이스라엘 백성의 광야 길에 나타난 하나님의 인도하심의 특징은, 하나님께서 인도해주시되 '백성들의 생각과는 다른 길'로 인도해주셨다는 것이다.

> 바로가 백성을 보낸 후에 블레셋 사람의 땅의 길은 가까울지라도 '하나님이 그들을 그 길로 인도하지 아니하셨으니' 이는 하나님이 말씀하시기를 이 백성이 전쟁을 하게 되면 마음을 돌이켜 애굽으로 돌아갈까 하셨음이라 그러므로 하나님이 '홍해의 광야 길로 돌려 백성을 인도하시매' 출 13:17,18

사람들은 합리적인 것을 좋아한다. 오랜 세월 목회하면서 내린 결론이다. 사람들은 합리적이지 않은 것을 못 견딘다. 그리고 자기가 생각하기에 합리적이라는 판단이 들면 적극적으로 지지해주기도 한다. 그래서 목회를 할 때 '합리적인가'의 여부가 중요하다. 이것이 사람을 상대할 때는 좋은 태도이지만, 하나님을 상대로 하는 신앙생활에서도 이런 잣대를 들이대면 곤란하다.

신앙생활에서 합리적인 것만 추구하는 것은 절대 옳은 태도가 아니다. 우리의 작은 머리로는 하나님의 깊으신 뜻과 생각을 다 이해할 수 없기 때문이다.

본문의 상황도 마찬가지다. 지금 이스라엘 백성 앞에는 가나안에 이르는 지름길이 있는데, 하나님은 그 길을 두고 우회하게 하신다.

'광야 길로 들어서라'라고 하신다. 당시 이스라엘 백성들 입장에서는 도무지 이해할 수 없는 인도하심이다.

중요한 것은, 이런 하나님의 '이해가 안 되는 인도하심'이 우리 삶에도 계속된다는 사실이다. 왜 그래야 하는지에 대한 설명도 없다. 설명해주신다고 하더라도 다 알 수가 없다. 우주를 창조하신 하나님이 큰 그림으로 인도해나가시는 것을 우리가 무슨 수로 알 수 있겠고 막을 수 있겠는가?

이런 점에서 생각해보면, 하나님께 무조건 승복하셨던 우리 어머니의 태도가 참 지혜로우셨다는 생각이 든다. 어머니는 '이해할 수 없는 하나님의 인도하심'에 대한 갈등이 없으셨다. 하나님이 이렇게 하시든 저렇게 하시든 어머니는 하나님이 하시는 일에 갈등 없이 승복하셨다. 내적인 갈등이야 왜 없었겠느냐마는 절대로 내색하지 않으셨다.

그래서 사춘기 때 어머니한테 마음이 상하는 일이 있으면 "엄마가 믿는 하나님이 이렇게 일하시는 게 옳은가요?"라며 하나님께 시비를 걸었다. 그것이 어머니를 괴롭히는 일이라는 걸 너무 잘 알았기 때문이다. 어머니는 막내아들의 시비에 최대한 설명해주시려고 했지만, 가끔 말문이 막히실 때면 이렇게 응대하셨다.

"시끄러워! 조용히 해! 뭔 말이 그렇게 많니? 하나님이 하실 만하니까 하셨겠지!"

하나님이 조금 밀린다는 생각이 들면 어머니는 이렇게 내 말문을 막으셨다.

그때는 하나님이 분명 잘못하셨기 때문에 어머니가 설명할 길이 없어서 내 말문을 막으셨다고 생각했다. 그러나 이제 와서 생각해보니 어머니가 지혜로우셨던 것이다. 우주를 창조하신 하나님 앞에서 나는 얼마나 작고 미세한 존재인가? 그 하나님의 크고 광대하신 뜻을 내가 일일이 이해하고 납득된 것만 순종하겠다는 것은 어리석은 생각이다.

그리고 또 한 가지, 우주를 창조하신 창조주 하나님과 불화하고 갈등을 일으키면, 거기서 어떻게 행복이 나오겠는가? 어머니는 진정한 행복의 길을 아셨던 것이다. 어머니는 하나님께서 행하시는 모든 일은 다 우리를 위하는 일이라는 믿음이 있었다.

나는 우리 모두가 하나님 안에서 행복하기를 바란다. 그러려면 하나님께 승복할 줄 알아야 한다. 또한 하나님과 소통해야 한다. 나는 이 길로 가야 한다고 생각하고 하나님은 저 길로 가야 한다고 하시면, 그 충돌을 좁히지 않고는 행복할 수가 없다.

우리의 수명이 아무리 길다 해도 영원과 영원을 이으시는 하나님의 관점으로는 2,3초도 안 될 것이다. 그냥 영원하신 하나님의 시간에 내가 잠깐 쑥 들어왔다가 쑥 빠져나가는 것이다. 그러니 영원하신 하나님께서 하시는 일이 이해가 잘 안되는 것은 어쩌면 당연하다. 이해가 안 되어도 승복하길 바란다. 하나님의 일하심은 영원 속에서 이뤄지는 일이다.

이런 생각을 하다 보니 목회 은퇴를 할 때 은퇴식도 하지 말아야겠다는 데까지 이어졌다. 영원하신 하나님 앞에서 몇십 년 목회한 것이 무슨 의미가 있겠는가? 그저 영원하신 하나님 앞에서 그분과 화해하고, 그분의 생각에 내 생각을 맞추어가고, 그분이 하시는 일이 이해가 안 된다 하더라도 승복할 뿐이다.

하나님을 의지하라

우리는 내 생각과 다른 길로 인도하시는 하나님의 인도하심과 그분의 일하심에 마음으로 승복할 뿐 아니라 그분을 의지하는 태도를 가져야 한다.

성경에 보면 우리가 '배'로 번역하는 두 가지 히브리어 단어가 나온다. 하나는 '오니야'이고 또 하나는 '테바'이다. 정확하게 의미를 설명하자면 '오니야'는 우리가 아는 배를 뜻하고, '테바'는 상자를 뜻한다. 배와 상자는 어떻게 다른가? 크기가 크면 배이고, 크기가 작으면 상자인가? 아니다. 이 둘의 차이는 크기에 있지 않다.

배와 상자를 가르는 결정적인 기준은 자가 동력장치가 있느냐 없느냐이다. 무슨 말인가 하면, 스스로 움직일 수 있는 동력이나 방향을 조절할 수 있는 키가 있으면 그것은 배이고, 아무리 덩치가 커도 동력장치가 없고 키가 없으면 그건 상자다.

구약에서 배를 가리키는 '오니야'가 요나서 1장 3절에 나온다.

그러나 요나가 여호와의 얼굴을 피하려고 일어나 다시스로 도망하려
하여 욥바로 내려갔더니 마침 다시스로 가는 배를 만난지라 여호와

의 얼굴을 피하여 그들과 함께 다시스로 가려고 뱃삯을 주고 배에 올랐더라 욘 1:3

요나는 가고자 하는 목적지가 있었고, 그 목적지까지 가기 위해 동력장치가 있는 배를 탔다. 그래서 뱃삯을 지불한 것이다. 이것이 '오니야'이다.

한편 상자를 뜻하는 '테바'는 구약에 딱 두 번 나오는데, 그중 하나가 모세의 어머니 요게벳이 만든 갈대 상자를 말할 때다.

더 숨길 수 없게 되매 그를 위하여 갈대 상자를 가져다가 역청과 나무 진을 칠하고 아기를 거기 담아 나일 강 가 갈대 사이에 두고 출 2:3

이 상자가 바로 '테바'이다. 동력장치가 없기 때문이다. 물에 그냥 띄우는 것이다.

테바가 구약에서 한 번 더 나오는데, 창세기 7장 7절이다.

노아는 아들들과 아내와 며느리들과 함께 홍수를 피하여 방주에 들어갔고 창 7:7

이 노아의 방주도 '테바'이다. 어마어마한 규모의 방주가 상자라니, 놀랍지 않은가? 하지만 아무리 그럴듯한 배 모양을 하고 있어도 동력장치가 없으면 그것은 상자이다.

요게벳이 만든 갈대 상자나 노아가 만든 방주는 동력장치가 없어서, 본인의 의지나 생각으로 갈 수 없다. 갈대 상자를 만들어 아이를 띄운다는 것은 전적으로 하나님께 맡긴다는 것이다. 죽이든 살리든 이제 하나님의 손에 달려 있다는 것이다. 노아가 만든 방주도 마찬가지다. 홍수가 나면 그 방주의 움직임과 생사를 온전히 하나님의 손에 맡길 수밖에 없다. 이것이 동력장치가 없는 상자 곧 '테바'인 것이다.

나는 어떤 동력을 따라서 살고 있는가?

그러다 보니 요나서 1장 3절을 보면 모든 행위의 주체가 요나고 주어도 요나다. 이에 반해 방주를 만든 노아를 설명하는 창세기 7장 18절을 보면, 주어가 방주를 만든 노아가 아니라 방주다.

물이 더 많아져 땅에 넘치매 '방주가' 물 위에 떠다녔으며 창 7:18

물 위에 떠다닌 것은 방주다. 노아가 아니다. 그리고 물 위를 떠다니게 한 주체가 방주라고 하는 것은, 그 방주를 만들고 그 안으로 들어가라고 명하신 하나님의 주도성을 표현한 것이다. 즉, 하나님이 방주를 움직이고 계신다는 의미다.

우리의 인생은 지금 요나가 타고 있는 오니야와 같은가, 아니면 노아가 만든 테바와 같은가? 요나처럼 "내 인생은 내가 조종하고 내가 정한 목적지로 갈 수 있어"라고 생각하며 피곤하게 달려가고 있는가? 아니면 노아처럼 하나님의 명령에 순종해서 '내가 방주를 만들었어도 하나님의 은혜가 개입하지 않고는 내 손의 수고가 다 허사'라는 믿음을 가지고 방주의 움직임에 몸을 맡기고 있는가?

우리에겐 후자의 믿음이 필요하다. 여기엔 중요한 이유가 있다.

내 동력을 압도하는 하나님의 에너지

요나는 자기 의지대로 갔다. 그래서 삯을 지불하고 동력장치를 가지고 있는 배를 탔다. 요나는 자기가 원하는 목적지인 다시스로 갈 수 있다는 사실을 믿어 의심치 않았을 것이다.

그런데 생각지도 못한 문제가 생겼다. 이런 확신이 있던 요나에게 어떤 일이 일어났는가?

여호와께서 큰 바람을 바다 위에 내리시매 바다 가운데에 큰 폭풍이 일어나 배가 거의 깨지게 된지라 _욘 1:4_

요나가 생각하지 못했던 것은, 배의 동력을 압도해버리시는 하나님의 에너지였다. 그 에너지가 나타난 것이다. 인생길이 다 이렇지 않은가? 전혀 생각하지도 못했던 복병이 갑자기 나타난다. 요나는 이것을 계산에 넣지 못했다.

내 아버지가 금식기도 하시다가 갑자기 돌아가신 것은 계획에 없던 일이었다. 인간의 동력에는 없던 일이었다. 하지만 그 일에는 나는 이해가 안 됐으나 어머니는 수용하려고 애쓰셨던, 영원 속에서 일하시는 하나님의 뜻이 있으셨다.

꼭 요나처럼 불순종해서 생긴 차질이 아니더라도 인생길에는 인간의 계획에 없던 일들이 많이 일어난다. 그럴 때 우리 어머니처럼 하나님께 승복하는 자세를 갖는 것이 필요하다. 물론 그런 자세가 가능하기 위해서는 하나님 존재에 대한 절대 신뢰가 있어야 한다.

하나님을 신뢰함으로 내가 가진 동력을 압도하는 하나님의 강력한 에너지가 있음을 인정하고, 다윗처럼 일상에서 하나님께 여쭙는 태도가 필요하다. 그리고 그것이 하나님 뜻이라고 생각하면 요나처럼 버티지 말고 순종하는 것이 지혜로운 태도이다.

하나님 앞에서 요나가 타고 있던 배, 오니야처럼 자가 동력을 가지고 어떻게든 내가 뭔가 해보려고 애쓰며 살아가는 인생은 정말 피곤하다. 생각지도 못한 복병들이 많이 나타난다. 우리가 잘못 가고 있다고 판단하시면 하나님은 바로 압도적인 에너지를 가지고 우리가 탄 오니야를 제압하신다. 그래서 깨지고 고꾸라진 후에야 절실한 심정으로 하나님의 인도하심을 구하곤 한다.

그렇기 때문에 요나처럼 풍랑을 만나기 전에, 하나님의 뜻에 순종하며 그분의 뜻에 우리의 인생을 맡겨야 한다. 하나님의 바람이 이끄는 대로, 하나님이 허락하신 물결에 몸을 맡기고 영원과 영원을 이으시는 하나님의 뜻에 승복하며 사는 우리가 되길 바란다.

나에게 던지는 질문 1 – 하나님의 인도하심이 있는가?

만약 내가 지금까지 요나처럼 내 동력장치로 살아가고 있었다면, 두 가지 질문을 스스로에게 던져야 한다. 첫 번째 질문은 이것이다.

"나에게는 하나님의 인도하심이 있는가?"

우리 삶에는 하나님께서 주시는 구름 기둥과 불 기둥이 있다. 누구나 예외 없이 있다. 그런데 중요한 것은 그 사실을 모든 사람이 다 느끼는 것이 아니라는 것이다. 왜 어떤 사람은 하나님께서 주시는 인도하심을 절실히 느껴서 감사하며 살아가고 있고, 또 어떤 사람은 그 사실을 전혀 느끼지 못하는가? 자기 나름의 동력장치를 가진 '자가 동력장치'를 만들었기 때문이다.

다시 말해, 하나님께서 만들어주시는 동력으로 나아가는 '상자'를 만들어야 했는데 자기 인생을 자기 스스로 꾸려가는 '배'를 만들어 달려왔기 때문이다.

자기가 만든 자가 동력장치를 가지고 자기가 가고 싶은 곳으로 흘러가다 보니 하나님의 인도하심인 구름 기둥과 불 기둥이 필요 없어진 것이다. 하나님의 구름 기둥과 불 기둥이 절실하지 않다 보니 그 존재를 잘 인식하지 않고도 불편하지 않은 삶을 살아온 것이다.

그러다가 무슨 일이 벌어지는가? 요나처럼 배가 깨지고, 풍랑을 만나고, 고꾸라진다. 내 동력장치가 깨진 후에야 하나님의 구름 기둥과 불 기둥을 의지하기 시작한다.

그렇게 하나님의 구름 기둥과 불 기둥을 인식하기 시작하는 사람에게 나타나는 굉장히 좋은 증상이 하나 있다. 하나님께 질문이 많아진다는 것이다. 질문이 많아진 대표적인 사람이 바울이다. 사도 바울은 다메섹 도상에서 고꾸라지기 전에는 하나님께 질문하지 않았다.

'내 생각이 옳지. 나는 오늘 예수 믿는 자들을 잡으러 갈 거야. 이 것이 하나님의 일이야.'

그런 그가 다메섹 도상에서 주님을 만나 깨어진 후에 첫 만남부터 던졌던 것이 질문이다. 그가 던진 첫 번째 질문은 이것이다.

"주여, 뉘시오니까?"

내가 주님과 무슨 관계냐는 질문이다. 그러자 주님은 "나는 네가 핍박하는 예수다"라고 대답해주셨다. 그러자 바울이 던진 그다음 질문은 이것이다.

"주여, 무엇을 하오리까?"

예전에는 전혀 없던 질문이다. 내 배를 내가 타고 가는데, 내가 가고 싶은 곳을 향해 가는데 이런 질문이 왜 필요했겠는가? 그랬는데 다메섹 도상에서 주님을 만난 이후로 바울은 자기가 만든 배에서 내렸다. 그리고 하나님께서 원하시는 '상자'에 올라탔다. 자가 동력장치가 없는 상자를 타고 있으니 '주여, 무엇을 하오리까?'라는 질문이 절실했던 것이다.

우리도 우리가 만든 배에서 내려야 한다. 내가 만든 배의 동력장치 엔진을 꺼야 한다. 그리고 하나님께서 허락해주시는 배에 올라타서 바울처럼 질문해야 한다. "어디로 가야 합니까? 무엇을 해야 합니까?"라고 물어야 한다. 내 에너지로 살 수 있을 것 같지만, 하나님이 바람 한 번 훅 부시면 그 강한 에너지 앞에서 무력해질 수밖에 없는 피조물이지 않은가? 그렇다면 창조주 되신 하나님께 물어야 하지 않겠는가?

구약에서 다윗이 하나님의 마음에 맞는 자라고 평가를 받았는데, 하나님께 그러한 평가를 받을 수 있었던 이유 중 하나가 질문을 잘했기 때문이라고 생각한다.

"이에 다윗이 여호와께 묻자와 이르되…"(삼상 23:2).

"다윗이 여호와께 다시 묻자온대…"(삼상 23:4).

"다윗이 여호와께 묻자와 이르되…"(삼상 30:8).

다윗은 늘 하나님께 물었다. 자기 힘으로 억지로 하려는 게 없었다. 이것이 그를 하나님의 마음에 맞는 자가 되게 했다.

위에서 아래로 흐르는 물처럼

나는 내 목회 철학을 '물 철학'이라고 부른다. 내가 힘쓰고 애쓰는 것 없이, 물이 위에서 아래로 흐르듯이 인도하심에 맡기는 것이다. 물이 위에서 아래로 떨어지는 데 무슨 힘이 들겠는가? 아래에서 위로 끌어올리려니까 온갖 애를 다 쓰며 힘을 들이는 것 아닌가? 하나님 앞에서 우리는 그냥 그분이 하시는 대로, 물이 위에서 아래로 흐르듯이 그 인도하심의 흐름에 맡기는 것이다. 막히면 그냥 서 있으면 된다.

2022년에 했던 '일만성도 파송운동'도 10년 만에 이루어진 것이다. 그간의 과정 중에 속이 터질 것 같은 일들이 많았다. 그럴 때마다 이 악물고 기다리는 것이다. 내가 억지로 힘쓰면 인위적인 것이 되고, 그런 인위적인 일은 반드시 문제를 발생시킨다는 사실을 잘 알고 있었기 때문이다. 그랬기에 시간이 걸려도 하나님께서 허락하실 때까지 움직이지 않고 기도만 했다. 모든 결과가 다 끝난 지금 되돌아보니 그 생각은 옳았다.

최근에 오픈한 '가평우리마을'도 마찬가지다. 처음에 장애인들을 위한 시설을 설립하려고 준비했던 가평우리마을이었지만, 우리 뜻대로 잘 되지 않았다. 장애인 거주시설로 허가를 받으려고 계획을 세우고 준비를 했는데 허가가 나지 않았다. 이것 때문에 오랜 시간 마음고생을 했다. 귀한 헌금을 해주시고 땅을 기증하신 분들에게 어떻게 설명해야 할지, 그리고 가평우리마을의 방향을 어떻게 잡아야 할지 도무지 알 수 없었다. 그래서 가평우리마을을 향하신 하나님의 뜻이 무엇인지 새벽마다 구하며 기도했다. 그 과정에서 시간은 많이 소요되었고 많은 사람들의 수고를 필요로 했지만, 하나님께서 하시는 일에 승복하며 하나님의 뜻을 구하자 놀라운 일이 펼쳐지기 시작했다. 이것이 내가 말하는 '물 철학'이다.

가끔 아내가 나를 긍휼히 볼 때가 있다. "당신을 생각하면 너무 안쓰러워요. 얼마나 힘들어요? 내가 잘해줄게요"라고 한다. 워낙 신경 쓸 일이 많으니까 격려해주려고 하는 말이다. 아내가 잘해준다고 하니 기쁘고 감사한데, 속으로 이런 생각을 한다.

'옆에서 저렇게 불쌍하게 보는데, 나는 왜 별로 안 지치지?'

사실은 힘쓴 게 별로 없기 때문이다. 물이 위에서 아래로 흐르듯이 흘러가면 가고, 막히면 서고, 또 흘러가면 가는 것이 무엇이 힘들겠는가?

하나님의 인도하심 속에 당신의 몸을 한번 맡겨보라. 구름 기둥, 불 기둥이 이끄시는 인도하심에 맡기고 그저 따라가보라. 어머니 요게벳이 만든 갈대 상자 안에 몸을 한번 맡겨보라. 어린 모세가 안에서 무슨 힘을 쓰겠는가? 그저 하나님의 신실하심을 믿고 그분께 맡기기만 하면 된다.

나에게 던지는 질문 2 – 하나님을 신뢰하는가?

그런가 하면, 내가 요나처럼 살고 있다는 의심이 들 때 우리 자신에게 던져야 하는 두 번째 질문은 이것이다.

"나는 나를 인도하시는 하나님을 신뢰하고 있는가?"

출애굽기 13장 17절을 다시 보자.

> 바로가 백성을 보낸 후에 블레셋 사람의 땅의 길은 가까울지라도 하나님이 그들을 그 길로 인도하지 아니하셨으니 출 13:17

하나님이 지름길을 놔두시고 돌아가는 길로 인도하셨다. 하나님은 왜 이렇게 일하셨을까? 왜 지름길 놔두고 둘러서 광야로 인도하셨을까? 이럴 때 이스라엘 백성이 택할 수 있는 것은 둘 중 하나였다.

하나는 "나는 저런 하나님은 못 믿겠다. 난 그냥 애굽의 종살이

하며 살겠다. 불안해서 못 따라가겠다"라는 선택지다. 또 하나는 "무조건 내가 하나님을 한번 믿어봐야겠다. 이해가 되든 안 되든 하나님을 믿고 신뢰해봐야겠다"라고 하는 선택지다. 하나님을 신뢰하지 않는데 신앙생활을 하는 것은, 굉장히 무기력한 일이다.

사도 바울에게 벌어진 일도 마찬가지다.

성령이 아시아에서 말씀을 전하지 못하게 하시거늘 행 16:6

참으로 당황스러운 상황을 만난 바울이었다. 아시아에서 말씀을 전하고자 했던 바울에게 어떠한 나쁜 의도나 불순한 생각은 없었다. 그런데 성령께서 막으셨다. 그리고 놀랍게도 바울은 성령님의 막으심에 순종했다. 그렇게 순종해서 하나님께서 원하시는 쪽으로 방향을 바꾸었다.

그런데 그곳에서 당황스러운 일이 벌어졌다. 아시아로 가는 걸 막으시는 성령님 말씀에 순종해서 방향을 바꾸어 유럽으로 갔는데, 그가 그렇게 순종하여 옮긴 여정에서 바울 일행을 기다린 건 놀랍게도 감옥이었다.

무리가 일제히 일어나 고발하니 상관들이 옷을 찢어 벗기고 매로 치라 하여 많이 친 후에 옥에 가두고 간수에게 명하여 든든히 지키라 하니 행 16:22,23

순종했던 바울 일행의 입장에서 도저히 이해할 수 없는 일이 벌어진 것이다. 기껏 아시아로 가려고 준비 다 해놓았는데 성령님이 아시아로 가지 말고 유럽으로 가라고 해서 여정을 변경했더니 바울과 그의 일행 실라가 감옥에 갇혀버렸다. 이것이 어떻게 승복이 되겠는가? 밤새도록 하나님을 원망하며 '도대체 하나님을 이해할 수 없다. 이런 식이면 어떻게 하나님을 신뢰하며 따를 수 있겠는가?'라고 불평 가득한 시간을 보낼 수밖에 없는 상황인데, 놀랍게도 감옥에 갇힌 바울과 실라는 함께 하나님을 찬양했다.

한밤중에 바울과 실라가 기도하고 하나님을 찬송하매 죄수들이 듣더라 행 16:25

그리고 그날 놀라운 일이 벌어졌다. 하나님의 특별한 인도하심을 통해 감옥을 지키던 간수 가족이 주님을 영접하는 놀라운 역사가 일어난 것이다.

이르되 주 예수를 믿으라 그리하면 너와 네 집이 구원을 받으리라 하고 주의 말씀을 그 사람과 그 집에 있는 모든 사람에게 전하더라

행 16:31,32

우리가 잘 알고 자주 인용하는 사도행전 16장 31절은 이런 배경에서 선포된 말씀이다. 하나님께 승복할 수 없는 상황에서 승복했던

바울이 가진 힘이 이것이다. 승복 정도가 아니라 아예 하나님께서 하신 일을 찬양으로 승화시켜버린 바울의 믿음이 이런 놀라운 기적을 가져왔다.

하나님의 놀라운 인도하심이 그날뿐이겠는가? 이후로 승복해서 옮겨간 유럽 지역에서 얼마나 놀라운 하나님의 이끄심의 기적이 나타났는가?

그날 밤에 바울 일행이 하나님께 따지며 '도무지 믿을 수 없는 이끄심'에 대해 원망과 불평으로 밤을 새웠다면 그곳에서는 아무런 일도 일어나지 않았을 것이다.

요셉도 마찬가지다. 우리 어머니가 가정예배를 드릴 때 꼭 마지막으로 기도하셨던 내용이 "우리 아들이 요셉과 같은 인물이 되게 해주세요"였다. 어릴 때는 길고 긴 어머니의 기도 끝에 이 말씀이 들리면 '이제 곧 기도가 끝나는구나'라는 신호탄처럼 들렸다.

그런데 요셉이 갔던 그 길이야말로 지름길 두고 가시밭길로 걸어간 길 아닌가? 우리 어머니는 막내아들이 성추행범이 되어 감옥에 가길 바라셨던 것일까? 아니면 형제들에게 미운털이 박혀서 형제들에게 팔리길 바라셨던 것일까? 아니다. 그런데 왜 요셉이 그런 험한 길로 둘러 가야 했는가?

감옥 안에서 가장 영향력 있는 애굽 왕의 신하를 만나야 한다는 하나님의 스케줄이 있었기 때문이다. 만약 요셉이 감옥에서 억울하다고 하나님을 원망하며 복수심만 키웠다면, 요셉은 감옥에서 일생을 마쳤을 것이다.

우리는 하나님을 신뢰해야 한다. 하나님께 승복하는 것이다. 먼 길을 빙빙 돌아서 가게 하는 상황이, 감옥에 갇힌 그 상황이 도저히 이해가 안 되더라도 거기에는 더 큰 길을 내시는 하나님의 뜻이 있을 것이라고 신뢰하고 승복하는 것이다.

박물관 교회가 되지 않으려면

사실 이 책은 1장에서 시작된 미래 교회학자 레너드 스위트 교수가 말한 네 종류의 교회 중에서 마지막 네 번째 단계인 '박물관 교회'로 전락하지 않을 대안을 살펴보는 것으로 시작되었다. 하나님께서 주신 사명을 잃어버리고 현상유지에만 급급한 교회로 전락하는 것은 끔찍한 일이다. 그래서 '박물관 교회'로 전락하는 것을 막을 여덟 가지 대안에 대해 지금까지 살펴보았다.

"말씀 묵상에 전념하는 교회, 모이기를 힘쓰는 교회, 목마름으로 예배하는 교회, 열매 맺는 교회, 참 기쁨을 누리는 교회, 하나님의 치료가 일어나는 교회, 거룩을 추구하는 교회, 강한 군사가 모인 교회".

나는 교회의 건강성을 회복하기 위한 여덟 가지 대안들을 하나하나 묵상하며 기도한다. 하나님께서 이 여덟 가지 항목을 회복시켜주시길 사모한다.

그리고 나는 잘 안다. 구름 기둥과 불 기둥으로 상징되는 하나님의 인도하심에 대한 순종이 이 여덟 가지 대안을 감싸는 거룩한 보자기 같은 것임을.

그렇기에 앞에서 나눈 여덟 가지 대안들을 다 따르더라도 하나님
의 인도하심을 신뢰하지 못하고 그분의 인도하심을 수용하지 않으
면, 그 교회는 절대로 건강한 교회가 될 수 없음을 기억해야 한다. 이
모든 대안을 아우르는 대전제가 바로 하나님을 신뢰하며 하나님의
인도하심을 따르는 것이라는 사실을 거듭 거듭 강조하고 싶다.

하나님은 큰 길을 만드시는 분이다. 그리고 하나님은 큰 길을 만
들어가시는 그분을 믿고 따르는 사람을 통해 그 일을 이루어가신
다. 우리는 이 사실을 기억해야 한다. 마치 물이 위에서 아래로 흐르
는 것처럼, 우리는 그저 큰 길을 만들어가시는 하나님의 인도하심에
우리 삶을 맡기면 된다. 그것이 자가 동력장치가 있는 배가 아닌 하
나님의 인도하심에 맡길 수밖에 없는 방주에 탄 인생의 모습이다.

그 인도하심에 온전히 맡기자. 하나님께서는 하나님이 내시는 새
로운 길로 우리를 인도해주실 것이다. 이런 건강하고 성숙한 삶의 태
도를 가진 성도들이 많아지기 바란다. 이런 성숙한 성도들이 많아지
면 교회는 저절로 건강한 교회가 될 것이기 때문이다. 성숙한 성도들
이 많아지는 한국 교회, 그 결과 성숙한 교회들이 점점 더 많아지는
우리 시대를 꿈꾸어본다.

지 금 변 하 지 않 으 면 내 일 은 없 다

지금 변하지 않으면 내일은 없다

초판 1쇄 발행	2023년 7월 10일		
초판 9쇄 발행	2025년 1월 15일		
지은이	이찬수		
펴낸이	여진구		
책임편집	이영주 박소영		
편집	최현수 구주은 안수경 김도연 김아진 정아혜		
책임디자인	마영애 | 노지현 조은혜 정은혜		
홍보 · 외서	진효지		
마케팅	김상순 강성민	마케팅지원	최영배 정나영
제작	조영석 허병용	경영지원	김혜경 김경희

303비전성경암송학교 유니게 과정
이슬비전도학교 / 303비전성경암송학교 / 303비전꿈나무장학회

펴낸곳   규장

주소 06770 서울시 서초구 매헌로 16길 20(양재2동) 규장선교센터
전화 02)578-0003   팩스 02)578-7332
이메일 kyujang0691@gmail.com   홈페이지 www.kyujang.com
페이스북 facebook.com/kyujangbook   인스타그램 instagram.com/kyujang_com
카카오스토리 story.kakao.com/kyujangbook
등록일 1978.8.14. 제1-22

ⓒ 저자와의 협약 아래 인지는 생략되었습니다.

책값 뒤표지에 있습니다.
ISBN 979-11-6504-449-7 03230

규 | 장 | 수 | 칙

1. 기도로 기획하고 기도로 제작한다.
2. 오직 그리스도의 성품을 사모하는 독자가 원하고 필요로 하는 책만을 출판한다.
3. 한 활자 한 문장에 온 정성을 쏟는다.
4. 성실과 정확을 생명으로 삼고 일한다.
5. 긍정적이며 적극적인 신앙과 신행일치에의 안내자의 사명을 다한다.
6. 충고와 조언을 항상 감사로 경청한다.
7. 지상목표는 문서선교에 있다.

하나님을 사랑하는 자 곧 그의 뜻대로 부르심을 입은 자들에게는 모든 것이 合力하여 善을 이루느니라(롬 8:28)

규장은 문서를 통해 복음전파와 신앙교육에 주력하는 국제적 출판사들의 협의체인 복음주의출판협회(E.C.P.A:Evangelical Christian Publishers Association)의 출판정신에 동참하는 회원(Associate Member)입니다.